초등 1학년 교실 이야기

1학년 학부모와 교사를 위한 책

초등 1학년 교실 이야기

윤태규 씀

보리

1학년 아이들과 함께 쓴 일기

　이 책은 제가 1학년과 함께 생활한 4년 동안의 교단 일기를 추려서 엮은 것입니다. 사실 일기란 여러 사람 앞에 이처럼 보여 주자고 쓰는 글이 아닙니다. 그런데 이렇게 여러 사람 앞에 내놓게 되었습니다. 그건 다음과 같은 까닭에서입니다.

　저는 우리 교실 이야기를 남에게 들려주기를 좋아합니다. 언제고 어디서고 교실 이야기를 하라면 신이 나서 이야기합니다. 아이들과 재미있게 살아간 이야기라면 더욱 신이 나지만 잘못한 일이나 실수한 이야기도 곧잘 합니다. 그런 이야기를 하다 보면 아이들과 한 번 더 그 신나는 생활을 하는 듯해서 좋습니다. 그렇다고 누구에게나 이야기를 마구 늘어놓는 건 물론 아닙니다. 듣고 싶어하는 사람에게만 합니다. 주로 선생님들과 학부모들이 되겠지요.

　학부모들에게 우리 교실 이야기를 들려주기를 좋아하는 까닭은 아이들이 학교에서 어떻게 지내는가를 알리고 싶어서입니다. 아이들은 학교 선생과 학부모 사이에 끼어 있습니다. 이는 참으로 든든한 일이기도 하지만, 잘못하면 아이를 숨도 못 쉬게 할 수 있습니다. 이러니 양쪽에 있는 어른들은 아이들을 잘 알려고 애써야 합니다. "선생님 말씀 잘 들어.", "발표 많이 해라.", "동무들과 싸우지 말고." 이렇게 당부하여 학교에 보내지만 우리 아이가 학교에서 어떻게 지내는지 늘 궁금하지요? 아이들의 학교 생활을 알아야 가정 교육도 잘 할 수가 있습니다. 이런 까닭으로 학부모님들에게 이 일기를 내놓습니다.

선생님들에게 우리 교실 이야기를 내놓는 까닭은 좋은 선생이 되기 위해서입니다. 교직은 누가 뭐래도 전문직입니다. 공부를 많이 해서 석사나 박사가 되었다고 해서 설 수 있는 자리가 아닙니다. 열성이 있고 아이들을 사랑하는 마음이 있는 어른이면 누구나 초등 학교 선생쯤이야 할수 있겠거니 해서도 안 되는 자리입니다. "공부해라.", "공부 시간에는 조용히 해라.", "군것질하지 말아라.", "복도에서 뛰지 말아라.", "착한 어린이가 되어야지." 이런 말은 어떤 어른이라도 아이만 보면 하고 싶어지는 말입니다. 그러니 그런 말 열심히 한다고 해서 자격 있는 전문가라할 수 없습니다. 아이들을 알고, 아이들 마음이 되어 학급 운영을 한다는 게 쉽지 않습니다. 이러니 학급 운영 이야기를 부지런히 내놓아서 좋은 선생이 되는 길을 찾아야 하겠지요. 이런 까닭으로 이 일기를 여기 내놓습니다. 함께 느끼는 점이 있어도 좋겠지만 충고 주시는 선생님이 있으면 더욱 고맙겠습니다.

1학년 교실은 늘 시끌시끌합니다. 그렇지만 아이들이 쑥쑥 자라는 모습을 가장 기쁘게 볼 수 있는 곳이 또한 1학년 교실입니다.

3월은 아이들이 유아에서 초등 학생으로 탈바꿈하는 달입니다. 이 달은 아무래도 학교 생활에 재미를 붙이고 동무들을 사귀고, 바르게 버릇이 들도록 온 힘을 쏟아야 하는 달입니다. 우리 교실에서는 제 시간 맞춰 학교에 오기, 아침마다 똥 누기, 준비물 스스로 챙기기, 이런 공부에 온 힘을 쏟습니다. 이런 일을 스스로 할 수 있도록 최소한으로 도와 주거나 지켜보기만 해야지 깊숙이 끼어들거나 대신 해 주면 절대로 안 된다고 부모님들에게 신신당부를 하지요. 처음 학부모가 된 분들의 넘치는 열성이 아이를 제대로 혼자 서지 못하게 하는 위험한 달이기도 하지요.

4월, 5월이 되면 아이들을 교실 밖으로 많이 데려갑니다. 학교 가까이들이나 산이 있으면 좋지만 그렇지 못하면 학교 뜰에라도 자주 나가지요. 새싹이 힘차게 땅을 비집고 돋아나고, 겨우내 앙상하게 서 있던 나뭇가지들에서 저마다 다른 잎과 꽃이 피어나는 모습을 살펴보는 일은 신나고 즐거운 공부입니다. 아이들 가슴을 기쁨으로 꽉 채우는 일입니다. 버들피리나 민들레꽃 대궁 피리를 만들어 불기도 하고, 꽃술 싸움 같은 놀이를 함께 하면 더욱 좋습니다. 집에서도 이렇게 할 수 있도록 자연에서 할 수 있는 재미있는 숙제를 많이 내기도 합니다.

6월과 7월은 할 일이 부쩍 많아집니다. 6월 중순부터는 일기 쓰기를 시작하기 위한 준비를 합니다. 본보기 일기를 골라 슬쩍슬쩍 맛을 보여 줍니다. 태어나서 처음으로 맞이하는 방학을 신나게 보내도록 하기 위해서 자기 과제를 미리미리 정하는 일도 7월에 해야 할 중요한 일 가운데 하나입니다. 과제는 아이들이 하고 싶은 일을 정하되 부모님들과 의논해서 아주 적은 양으로 정하도록 합니다. 욕심은 절대 금물입니다. 이 달에 해야 할 일 가운데 큼직한 게 또 하나 있습니다. 2학기부터 다달이 낼 학급 문집 준비호를 내는 일입니다. 아이들이 스스로 정한 여름 방학 과제와 7월에 쓴 일기를 한 편씩 골라서 편집을 합니다. 아이들이 생전 처음 제 손으로 만드는 학급 문집이지요.

9월은 방학 과제 자랑 대회를 하면서 힘차게 2학기를 시작하는 달입니다. 방학 동안 자기 과제를 열심히 한 것을 여러 사람 앞에서 자랑합니다. 말로만 할 수도 있고, 과제물을 가지고 이야기를 할 수도 있습니다. 1학년이 여름 방학을 지내고 오면 성큼 자란 모습을 볼 수 있습니다. 방학 동안 조금 뒷걸음질한 것 같은 일기 쓰기를 다시 다잡아 제자리에 올려놓아야 하는 달이기도 합니다.

10월, 11월도 교실 밖 공부를 많이 하는 달입니다. 자연의 변화를 아름답게 볼 수 있는 달이지요. 교실이나 복도 한 구석에 '나뭇잎 교실'을 만들어서 거기에 낙엽을 수북이 쌓아 두게 합니다. '아름다운 단풍잎은 여기에 다 모여라.' 이렇게 써 둡니다. 설탕을 살짝 뿌린 듯한 서리를 입김을 솔솔 내면서 살펴보는 일도 아이들에게는 새로운 경험입니다.

12월은 여름 방학 과제를 정했던 경험을 바탕으로 다시 겨울 방학 계획을 스스로 정하는 달입니다.

2월은 마무리 일로 많이 바쁩니다. 시작을 힘차게 했듯이 마무리도 시원스럽게 해야 합니다. 그래야 2학년을 더욱 힘차게 시작할 수 있기 때문입니다. 학급 문집 합본호도 만들고, 여태까지 쓴 일기장도 함께 묶어서 '내 가장 소중한 보물 1호'로 보관을 합니다. 동무들에게 고마웠던 일을 상장으로 만들어서 마음 전하기, 일 년 동안의 자기 성적표 만들기, 선생님 성적표 매기기 따위들로 바쁩니다. 이렇게 숨가쁘게 일 년을 달려와서 2월에 헤어지지만 일 년 동안 함께 살아온 것들의 소중함을 아이들 가슴에 담아 두는 것 또한 중요한 마무리 일입니다.

이 책은 연도별로 4장으로 나누었습니다. 1장은 1993년에 경북 옥포 초등 학교에서 쓴 일기입니다. 이 학교 1학년 교실은 본관 건물에서 멀찌감치 떨어진 곳에 교실만 달랑 두 칸 있는 작은 집이었습니다. 그래서 다른 반 눈치 보지 않고 마음껏 아이들과 지냈습니다. 또 문만 열면 운동장 한복판과 맞닿기 때문에 운동장을 우리 집 안마당처럼 실컷 썼습니다. 2장은 3년 뒤인 1996년에 대구 금포 초등 학교에서, 3장은 1998년에 대구 금포 초등 학교에서 쓴 일기입니다. 대구 금포 초등 학교는 옥포 초등 학교 가까이 있고 규모도 비슷했습니다. 금포 초등 학교 뒷문을 나서면 바로 야트막한 산이 있습니다. 우리는 그 산에 자주 갔습니다. 아침 시간에도 가고 공부하다가도 갔습니다. 그 산에서 온갖 들풀이나 들꽃을 보았습니다. 산딸기도 따 먹었습니다. 꼬리를 끊고 도망가는 도마뱀도 보았습니다. 묘지 옆 잔디에서 씨름도 하고 수건돌리기도 했습니다. 지금은 그 작은 산 대부분이 그만 집터로 닦이고 말았습니다. 참으로 안타깝게 되었습니다. 4장은 2001년에 대구 종로 초등 학교에서 쓴 일기입니다. 이 학교는 대구 시내 한가운데 있는 작은 학교입니다. 옛날에는 학생 수가 많았는데 지금은 전교생이 500명도 채 안 됩니다. 장사하는 집은 많지만 살림집은 자꾸만 시내 밖으로 나가서 그렇습니다. 이 학교에서는 아이들과 산에 자주 갈 수 없다는 점이 가장 아쉬웠습니다. 높은 학년을 맡았을 때는 지하철을 타고 가까운 산에 몇 번 갔지만 1학년 아이들과는 한 번도 가지 못했습니다. 그래서 토요일마다 산이나 들로 나가도록 하는 재미있는 숙제를 많이 내는 것에 만족해야 했지요.

　아무쪼록 이 책이 잠시도 가만히 있지 못하며, 자기 중심적이고, 감정 대로 행동하는 데다, 잘 싸우고, 남의 물건도 몰래 슬쩍하고, 동생 괴롭히기 잘 하고, 거짓말을 잘 하는 걱정거리이자, 한편으로는 호기심과 질문이 많고, 동식물을 사랑하며, 동정심이 강하고, 활동적이고 귀엽기만한 우리 1학년을 바르게 알고 바르게 키우는 데 도움을 주는 이야깃거리가 되었으면 좋겠습니다.

2002년 3월.

윤태규.

차례

2장 고집피우지 맙시다

1996년 대구 금포 초등 학교 1학년 2반

3장 양호실에는 혼자 가세요

1998년 대구 금포 초등 학교 1학년 3반

4장 선생님, 모르고 그랬어요

2001년 대구 종로 초등 학교 1학년 1반

1장 실수가 자랑스러운 교실

1993년

대구 옥포 초등 학교 1학년 1반

3월

1993년 3월 2일 화요일. 몹시 춥다.
1학년을 맡았다

오늘 새 아이들을 맞았다.

아침에 앞산 운동 갔다 오는 길에 성불사에 들러서 삼배를 하고 20분쯤 참선 기도를 했다. 오늘 맞이하는 아이들을 더욱 사랑할 수 있도록 해 달라고 기도를 했다.

1학년 1반 담임을 맡았다. 2반 선생님은 올해 새로 오신 여자 선생님이다. 키가 훤칠하게 크고 나이가 좀 들어 보이지만 굉장히 온화한 성품인 것 같다. 아이들에게 어머니 같겠다는 생각이 들었다.

우리 반은 남자 아이들이 20명이고 여자 아이들이 17명이다. 모두 하나같이 예쁘고 귀엽기만 하다.

입학식을 마치고 식당 교실에 1학년 어머니들을 모두 모아서 '신입생 어머니 교실'을 열었다. 교장 선생님이 유인물을 준비하는 동안에 내가 당부 말씀을 했다.

첫째, 아침마다 똥 누는 버릇을 들이도록 해 달라.

둘째, 늦잠 자는 버릇이 있는 아이는 내일부터 당장 스스로 일어나도록 해야 한다. 그러려면 절대로 깨워 줘서는 안 된다. 정 힘들면 일 주일쯤 기간을 정해서 연습을 하도록 하는 게 좋다.

셋째, 마을 둘레에 있는 산, 강, 들판이 아이들의 놀이터가 되도록 해야 한다.

넷째, 1학년은 몸으로 현재를 살아간다는 것을 알아야 한다.

좀 많은 이야기를 한꺼번에 한다는 생각이 들기도 했지만 이렇게 한자리에 다 모일 기회가 잘 없기 때문에 길게 이야기를 했다. 많은 어머니들이 공감을 하는 눈치다.

반 대표 어머니를 뽑았다. 김신의 어머니가 대표로 뽑혔다. 나는 해마다 우리 반 학부모 대표를 학부모들 스스로 뽑도록 한다. 학급 학부모 대표가 있으면 이런 점이 좋다.

첫째, 학부모들에게 연락할 일이 있을 때 대표에게 하면 된다. 대표를 뽑아 두지 않으면 어쩔 수 없이 반장 어머니나 평소 인사를 하고 지내 잘 아는 어머니에게 부탁할 수밖에 없는데 그게 불신의 씨앗이 된다. 예를 들어 반마다 녹색 어머니 회원을 두 명 뽑는다고 할 때, 보통 가정 통신문이나 알림장을 통해 공개 모집을 하면 그 숫자를 채울 수 없다. 그래도 학교 형편상 꼭 뽑아야 한다면 어떻게 할까? 평소 알고 지내는 학부모나 반장 어머니에게 따로 부탁을 할 수밖에 없다. 이럴 때 학부모들이 스스로 뽑은 대표에게 부탁을 해서 처리하면 일도 쉽고 원성을 사지도 않는다.

둘째, 학부모들 쪽에서도 건의할 일이나 의견이 있을 때 학부모 대표를 거쳐서 말할 수 있다. 학부모면 누구나 대표를 거치지 않고도 자유롭게 할 수 있는 일이지만 담임이 하는 일에 대해 비판을 하거나 못마땅한 일을 지적하고 싶을 때는 쉽지가 않다. 그래서 그만, 할 이야기도 그냥 접어 버리는 경우가 많다. 이럴 때 학부모 대표를 거치게 되면 우리 반 어머니들 전체 의견이라고 해서 얼마든지 담임에게 전달할 수 있다.

우리 반에 한글 이름을 가진 아이가 둘이다. 하꽃샘, 이새롬.

1993년 3월 3일 수요일. 몹시 춥다.

청소를 부탁했다

아이들이 보고 싶다. 그래서 다른 날보다 10분 일찍 학교에 갔다. 아침에 느긋이 앉아 있을 시간이 없기도 하지만 마음이 급해 얼른얼른 챙겨서 나선 것이다.

"앞으로 나란히." 하면 앞뒤 간격은 생각지도 않고 그저 손만 앞으로 쑥 내민다. 그래서 앞에 있는 사람을 두 팔로 껴안는 아이들.

이름표를 만들어 달아 주었다. 우리 반은 파란색, 2반은 보라색이다. 나나 2반 선생님이나 아이들과 같은 모양, 같은 색깔로 된 이름표를 달았다.

학교 이곳 저곳을 데리고 다니면서 학교 구경을 했다. 유치원, 식당, 교무실, 방송실, 교장실, 컴퓨터실, 양호실 그리고 2층 언니들 교실도 한 바퀴 돌았다. 내일은 교실에 들어가서 자리를 정하기로 했다.

1학년 교실은 본관에서 멀리 떨어진 별관이다. 그래서 독도라고 한다.

교실이 너무 어설퍼서, 따라온 어머니들에게 청소를 부탁했다. 2반 선생님이 그렇게 하자고 해서 하기는 했지만 처음부터 어머니들이 아이들 청소를 대신 한다는 것이 내키지 않았다. 사실 너무 어설퍼서 나 혼자서 하기에 힘겨운 일이기는 하다. 그래서 두 번 다시 이런 부탁을 하지 않을 테니 이번 한 번만 해 달라고 했더니 아주 깨끗이 청소를 해 놓았다. 커튼도 빨겠다며 걷어 가지고 갔다.

자기 소개 시간

아이들을 교실에 데리고 들어갔다. 키대로 자리를 정해 주고 짝끼리
자기를 소개하는 시간을 가졌다. 자기 이름, 살고 있는 마을 이름을 말
하고 악수를 하라고 했더니 아이들이 잘 따라 했다.

이호준. 내 입을 봐야만 비로소 자기 이름을 부르는 줄 알고 손을 번
쩍 드는 청각 장애아다. 앞에서 세 번째, 가운데 줄에 앉혔다. 키가 가
장 크지만 우리 반 어머니들이 모두들 이해해 주었다. 짝은 하꽃샘이 되
었다.

둘째 시간에는 방송실에 데리고 가서 한 사람 한 사람씩 텔레비전 모니
터 화면에 나오게 해 줬더니 자기 얼굴이 텔레비전에 나왔다고 좋아했다.

아이들과 함께 있으면 도대체 시간 가는 줄 모르겠다. 아이들이 좋아
서 그런지, 정신이 하나도 없어서 그런지. 작년에 담임을 맡지 않고 교
과 전담을 해서 올해 더욱 아이들이 좋은 것인지도 모르겠다.

차례대로 앞에 나와서 나한테 안겨 이야기하는 시간을 가졌다. 먼저
자기 이름을 말하고, 살고 있는 동네, 부모님이 하시는 일, 학교에 나오
니 좋은지 어떤지, 내가 무서운지 뭐 그런 것을 물었다.

선생님이 좋다는 말을 하는 아이들이 많았는데 그럴 때면 나도 ○○○
가 좋다고 말해 주었다. 좋다는 말을 먼저 하지 않는 아이들에게는 내가
먼저 좋다고 말해 줬다. 37명 아이들을 한 번씩 끌어안아 주었다.

오후에 올 졸업생 정혜정이 우리 교실에 놀러 왔다. 우리 반은 아니었
지만 국어 말하기·듣기 교과 수업을 했고, 농사짓기 동아리 회원이라
서 좀 도와 주고 그랬더니 잘 따랐던 아이다. 참, 장구와 꽹과리도 가르
쳐 줬지.

"선생님, 올해 1학년 가르치시네요."

"그래, 1학년 가르친다."

"뭔가 우습다는 생각이 드네요. 선생님이 1학년을 가르치니까요. 하기야 선생님은 아이들을 귀여워해 주시니까."

"그래?"

1993년 3월 8일 월요일. 비가 왔다.

선생님, 나 집에 갈래요

똥을 누고 온 사람을 조사했더니 겨우 아홉 사람밖에 되지 않는다. 입학식날 그렇게 간곡하게 이야기를 했고, 가정 통신문을 보내면서 아침마다 확인도 했는데 그게 잘 되지 않는다. 또 가정 통신문을 보내야겠다.

학교에 오면서 본 것을 이야기하는 시간을 가졌는데 아이들이 참 잘했다. 이새롬이 가장 먼저 하겠다고 했다.

"안녕하세요? 저는 옥포 국민 학교 1학년 1반 이새롬입니다."

이렇게 말하고 이야기를 시작하니까 다른 아이들도 다 따라서 그렇게 말했다.

가장 먼저 새롬이가 말을 마친 뒤에 자기가 선생님이 되어 손 드는 사람 가운데 한 사람을 시키면 그 아이가 다시 다음 사람을 시키는 방법으로 진행했는데 아이들이 잘 했다. 고학년 반에서도 쉽게 되지 않는 방법인데 말이다. 몇 사람이 발표를 한 뒤부터 나도 손을 들었는데 아무도 시켜 주지 않다가 경훈이가 "선생님." 하고 시켜 주었다. 그래서 나도 "38번 윤태규입니다." 이렇게 말한 뒤에 내 소개를 아주 간단하게 했다.

아이들이 잠시도 가만히 있지 못한다. 도대체 전체를 상대해서는 내가 어떤 이야기도 할 수가 없다.

'그래, 될 수 있으면 내가 연설을 하지 말자. 1학년이 아닌가?'

'따르릉' 이라는 율동도 함께 하고 도깨비 이야기도 한 자리 해 주었다.

세 시간째가 되니까 아이들이 집에 보내 달라고 야단이다. 하꽃샘은 태권도 학원에 늦겠다면서 걱정이 늘어진다. 연신 시계만 쳐다본다. 몇 시에 가느냐고 물었더니 오후 2시란다. 그 때까지는 보내 준다고 해도 영 마음이 놓이지 않는 모양이다. 1학년 아이들은 시계를 보아도 시간 관념이 또렷하지 않다. 그러니까 안달이 날 수밖에 없다. 몇몇 아이들이 학원에 가야 하기 때문에 빨리 마쳐야 한단다. 말하기 시간이 좀 지루하게 진행되기는 했다. 그렇지만 학원 간다고 학교 빨리 마쳐 달라고 하니 아무리 철없는 1학년이라지만 화가 났다. 그래서 화를 내어 꾸중을 했다. 학원 때문에 학교 일찍 마쳐야 하는 사람은 학교 오지 말고 학원 다니라고. 아이들이 알아듣든 말든 그렇게 말해 버렸다.

신의 어머니와 정아 어머니가 교실에 오셨다. 유치원 입학식이라서 오셨단다. 그런데 커다란 통에 든 커피와 프림을 사 오셨다. 또 커피포트도 가져오셨다. 나는 커피를 마시지 않기 때문에 돌려보냈다.

1993년 3월 9일 화요일.

구두표와 돈 봉투

호준이 어머니가 오셔서 호준이에 대한 이야기를 나누었다. 호준이가 어릴 때는 아무런 이상이 없는 걸로 알았단다. 딸랑이도 잘 가지고 놀았단다. 세 살쯤 되었을 때, 비로소 호준이에게 청각 장애가 있다는 것을 알았다고 한다.

교육 내용에서부터 교육 환경까지 거의 모든 것이 일반 아이들 중심으로 된 이런 학교에 다니게 하는 것이 호준이에게 얼마나 도움이 되겠냐는 이야기를 조심스럽게 꺼냈더니 호준이 어머니도 거기에 대해서는 자신이 없는 듯했다. 그러면서 대구 대학교 부설 특수 학교에 일 주일에 두 번씩 다니고 있으며, 청각 장애 어린이가 다니는 유치원에도 2년 동안 다녔다는 이야기를 했다. 그리고 호준이가 자라서 어차피 보통 사람들과 함께 이 세상을 살아갈 테니까 어릴 때부터 보통 사람들과 어울려 살아가는 법을 익히게 하는 것이 좋겠다 싶단다.

이런저런 이야기를 하고 있는데 호준이가 "버버버." 하면서 교실을 뛰어다닌다. 그걸 보던 호준이 어머니가 그만 울어 버린다. 가슴이 아프다. 정말 할 수만 있다면 호준이를 위해 모든 것을 바치고 싶다.

이야기를 마치고 호준이 어머니가 음료수를 세 상자 내놓고 갔다. 두 상자는 교무실에 가지고 가서 여러 선생님들과 나누어 마시고 따로 준비한 한 상자는 교실에 두고 마시란다. 그러면서 그 안에 구두표가 있단다. 안 받는다고 했더니 호준이를 위해서 많이 뛰실 텐데 받아 달란다. 아이들도 있고 해서 받아 두긴 했으나 어떤 방법으로 돌려 줄까 걱정이다. 7만 원짜리 구두표다. 아이가 성치 못한 것만 해도 속상한 일인데 그 아이 때문에 돈을 이렇게 쓰도록 할 수는 없는 일이다.

오후에 교무실에서 이것저것 일을 하다 보니까, 주원기 어머니한테서 전화가 왔다. 교실에 음료수 한 상자를 갖다 놓았는데 혹시나 아이들이 만질까 봐 전화를 했단다. 순간 이상한 생각이 들었다. 그저 음료수 한 상자라면 그렇게 일부러 전화까지 할 필요가 없다. 그 안에 무엇이 든게 분명하다. 급히 가서 열어 보니 그 안에 10만 원이 든 봉투가 있다. 이걸 어쩌나? 오늘 받은 것이 무려 17만 원이나 된다. 교무실에서 당장 원기네 집에 전화를 했더니 아무도 받지 않았다.

퇴근을 해서 전화를 했다. 조심스럽게 입을 뗐다. 그러면서 그 돈을 받지 않겠다고 했더니 "내일 학교에 갈게요." 한다. 전화를 끊었다.

호준이네 집에 전화를 했다. 좀 편안한 마음으로 그 구두표를 받아 주면 자기 마음이 한없이 편하겠다고 사정사정을 한다. 그 구두표는 구할 기회가 있어서 구한 것이니까 받아 달란다. 곧 울 것만 같은 목소리다. 정말 이걸 어쩌나?

버릇 들이기

오늘도 똥 누고 온 아이를 조사했는데 22명이나 되었다. 가정 통신문이 효과를 낸 것 같다. 똥이 안 나온다고 울상을 짓는 아이들이 있다. 며칠 전에 신의 어머니가 하시는 말씀이, 신의가 아침마다 똥을 누고 나오는 아버지를 보고 "아버지는 참 좋겠다." 하면서 부러운 눈으로 보더란다. 아침마다 똥 누는 버릇을 들이기가 쉽지 않은가 보다. 하기야 버릇들이기가 어디 쉬운 일인가? 버릇이란 수없이 되풀이되는 가운데 자신도 모르게 몸에 배는 것이니까 말이다.

나는 사람은 버릇으로 살아간다고 생각한다. 사람마다 개성이 있다는 말은 곧 저마다 다른 버릇을 가지고 있다는 말이 아닐까? 교육도 따지고 보면 바르게 살아가는 버릇을 들이는 것에 다름 아니다. 그래서 버릇은 참으로 중요하다. 국민 학교, 특히 1학년 때 길러지는 버릇이 평생의 삶에 커다란 영향을 준다고 본다면, 여간 중요한 일이 아니다. 그래서 나는 방학 과제 가운데 하나로 '자기 버릇 진단하여 스스로 고쳐 보기' 를 꼭꼭 정하여 실천하도록 하고 있다.

둘째 시간에는 운동장에서 네 모둠으로 나누어 '동무와 사이좋게' 라는 공부를 했다. '얼음쨍' 을 했는데 아이들이 금방 시들해졌다. 내가 재미있게 이끌지 못했나?

4시쯤 되어서 원기 어머니한테서 전화가 왔다. 어제 전화를 했을 때는 오늘 학교에 와서 돈을 다시 받아 간다고 했는데 오지 않고 전화를 하다니. 어제 내 전화를 받을 때 옆에 사람들이 있어서 급히 둘러댄다는 게 오늘 학교에 가겠다고 한 것이란다. 그러면서 그 돈을 다시 받을 수 없단다. 어째 순순히 돈을 가져가겠다고 하더라.

"선생님! 제가 선생님을 정말 존경하고 있습니다. 선생님, 용서해 주십시오. 그 돈을 봉투에 넣을 때 많이 생각했습니다. 선생님 뜻을 거슬러 정말 죄송합니다. 다시는 안 그럴 테니 용서해 주세요."

이러면서 어제는 한잠도 자지 못했단다. 내가 원기 부모님을 잘 안다. 원기 아버지는 학부모회 임원이고, 원기 어머니는 작년에 원기 누나 지윤이를 한 달 동안 가르치면서 잘 알게 된 사이다. 참으로 바르게 살아가려고 애쓰는 젊은 부부다. 나는 그걸 안다. 참으로 난감하다. 어제 호준이 어머니가 내놓은 구두표도 그렇고 이 돈도 그렇고 결국은 이렇게 받게 되는가? 하기야 학부모들이 한 번 내놓은 것을 그대로 돌려보내기란 쉽지 않다. 다신 안 볼 생각을 하지 않고서는 말이다. 그러니 아예 조그마한 것이라도 가져오지 않도록 하는 것이 가장 좋은 방법이다.

그래서 그 돈을 원기 어머니가 우리 반을 위해서 내놓은 것이라고 반 아이들에게 알리고 우리 반 아이들 생일 선물을 사는 데 쓰겠다고 했더니 무엇에라도 써 주기만 하면 덜 부끄럽겠단다.

1993년 3월 16일 화요일. 많이 풀렸다.

과보호

오늘은 웬일인지 고령행 300번 버스가 빈 자리 없이 꽉 찼다. 출발 시간에 여유 있게 왔는데도 그렇다. 할 수 없이 아주머니들이 앉아서 재미나게 이야기를 하고 있는 곁에 섰다. 그 아주머니들은 앞을 보고 앉지 않고 몸을 옆으로 해서 서로 마주 보며 이야기를 나누고 있었다.

"미야가 아침밥 찾아 먹고 학교에 갈지 모르겠네. 무더기만 크지, 우리 미야는 아직 어린애야 어린애. 아침마다 깨워서 밥을 떠 먹이다시피 해야 한다네. 깨워 놓고 오기는 했는데 걱정이네."

뒤에 앉은 아주머니가 한 말이다.

"형님, 미야는 나이나 어리지요. 우리 한이는 5학년이나 되는 게 날마다 깨우느라고 전쟁을 해요, 전쟁을. 책가방도 다 챙겨 줘야 해요. 저거 아빠가 시동을 걸어 놓고 날마다 난리를 피워도 준비물도 못 챙기고 있으니 속에 천불이 나요."

앞에 앉은 아주머니가 받아서 하는 말이다. 두 아주머니는 동서 사이인 모양이다. 아침에 깨우느라고 애를 먹고, 밥 먹여 주고, 학습 준비물도 다 챙겨 준다는 말이다. 그래서 그 잘못된 버릇 때문에 큰일이라는 이야기다. 내가 끼어들었다.

"아주머니, 아이들 깨우지 말고 그냥 둬 버리지요? 그러면 늦게 일어나는 나쁜 버릇 금방 고칠 텐데요."

아주머니들이 잠시 가만히 있더니 나를 쳐다보지도 않고,

"아저씨, 그러면 아이들 학교 지각하잖아요."

이런다. 아주 이상한 아저씨라고 생각하는 듯했다.

"그까짓 지각 한두 번 하면 어때요? 잘못하면 평생 떠안고 갈지 모르는 늦잠 자는 나쁜 버릇 고치는 일인데요."

"나쁜 버릇은 뭐가 나쁜 버릇이에요? 크면 괜찮아져요."

"그래요? 저는 국민 학교 선생인데 내 생각 같아선 한두 번만 지각을 하도록 내버려 두면 금방 버릇을 고칠 것 같습니다."

아주머니들이 나를 이상한 아저씨로 취급하여 내 말을 귀담아듣지 않는 듯해서 국민 학교 선생이라고 밝혔다. 그러고는 입을 다물어 버렸다. 왜냐 하면 가만히 보니 걱정을 하는 것이 아니라 아이들을 그처럼 귀하게 키우고 있다는 것을 자랑하고 있는 듯해서다.

아이들을 제대로 서지 못하게 하는 지나친 보호, 그건 정말 문제다. 아이가 제 스스로는 도대체 아무것도 할 수 없게 하는 과보호는 그 아이를 보나 아이들이 만들어 갈 우리 사회의 앞날을 보나 걱정이 아닐 수 없다. 작은 어려움도 스스로 해결을 못 하고 보호자만 쳐다보는 약하디약한 아이를 길러서 도대체 어쩌겠다는 것인지.

따지고 보면, 교육은 스스로 이 세상을 살아가게 하는 방법과 힘을 길러 주는 것에 다름 아니다. 그런데도 그 힘을 길러 주기는커녕 오히려 어른들이 나서서 방해를 하고 있으니……

닭이 제 병아리를 키우는 단계를 보면 놀랍도록 지혜롭다. 아주 작은 병아리일 때는 어미가 온갖 먹을 것을 구해서는 미리 확인까지 하고 나서 먹인다. 그러면서 차츰차츰 간격을 벌려 가다가 나중에는 먹을 것을 구해 주기는커녕 새끼 혼자 힘들여 구한 먹이까지 빼앗아 버리거나 방해를 놓는다. 제 새끼 미워서가 아니라 혼자 세상을 살아가도록 하는 어미의 지혜다. 이는 닭뿐만 아니라 뭇 동물들이 다 그렇다. 작은 곤충은 물론이고 심지어는 식물들까지도 그렇다. 그런데 만물의 영장이라고 하는 사람이 어찌 이를 모른단 말인가. 도대체 교육이란 무엇인가. 제 새끼가 이 세상을 살아가는 방법을 가르쳐 주는 것이 교육이다. 텔레비전에 나오는 '동물의 왕국'인가 하는 프로그램 한 번만 보면 그걸 알 텐데.

1993년 3월 17일 수요일. 날씨가 많이 풀렸으나 아침엔 추웠다.
학교는 크레파스 모으는 곳

내일 공부할 준비물로 크레파스를 가져오라고 알림장에 써 주었더니 맨 앞줄에 앉은 노선섭이가 두 눈을 동그랗게 뜨고는,
"선생님, 전번에 가져왔는데 왜 또 가져와요?"

이런다. 그렇다. 지난번에 가져와서 모두들 사물함에 넣어 두도록 한 게 틀림없다. 그런데 그 뒤에 집에 도로 가져다 놓은 아이도 있고, 아직까지 갖다 놓지 않은 아이도 있어서 그렇게 써 준 것인데, 벌써 갖다 놓은 선섭이에게는 이상할 수밖에 없는 노릇이다. 벌써 준비해 놓은 아이들은 자기는 안 가져와도 된다고 생각을 하는 것이 아니라 이처럼 어리둥절해한다. 이걸 알아야 1학년 선생님이다. 나는 그걸 몰랐다.

"왜 또 가져와요?"

맞다. 학교가 크레파스를 모으는 곳도 아닌데 말이다.

1993년 3월 20일 토요일, 화창하다.
아이들은 공간과 시간만 있으면 논다

교실 뒤에 있는 공간에 카펫을 깔아 놓았더니 아이들이 신을 벗고 들어가서 엎드려 논다. 책을 읽기도 하고 뒹굴기도 하고 그런다.

준혁이가 아무 곳에나 찍찍 달라붙는 장난감 문어를 가지고 논다. 내 책상 위에 붙이기도 하고 내 손등 위에 붙이기도 하면서 자랑삼아 논다.

추원준, 이수진, 순옥이, 성호는 숫자 세기 수판을 갖다 놓고 가위바위보를 해서 한 알 한 알 넘기기 놀이를 한다. 푹 빠져서, 아주 재미있게 한다. "이겼다!" 하는 소리가 들렸다. "에이씨." 져서 안타까워하는 소리도 들렸다. 나름대로 규칙을 정한 모양이다.

아이들은 이처럼 공간과 시간만 있으면 논다. 창의성 있게 논다. 다만 그 공간에 텔레비전이 없어야 하고, 그 시간에 쓰고 외우는 숙제가 없어야 한다.

1993년 3월 24일 수요일. 봄비가 추적추적 내렸다.

실수가 자랑스러운 교실

둘째 시간에 고리 던지기 놀이를 했다. 원래 오늘은 운동장에서 콩주머니 넣기 놀이와 고리 던지기 놀이를 하기로 했는데 비가 와서 교실에서 고리 던지기 놀이만 했다.

분단별로 이어 던지기를 했다. 그렇게 하니 자연스럽게 분단끼리 시합이 되었다. 아이들의 응원도 대단했다. 두 줄로 죽 늘어서서 고리 던져 걸기가 성공하면 뒷사람에게 고리를 건네 주는 방법으로 했다.

그런데 어쩐 일인지 수진이가 아무리 던져도 잘 걸리지 않는다. 수진이가 고리를 이어받을 때는 수진이 분단이 이기고 있었는데 너무나 오랫동안 못 걸어서 그만 지고 말았다. 한 차례 다 하고 물었다.

"한 번 더 할까요? 다시 한 번 하고 싶은 사람?"

손을 든 사람을 살펴봤더니, 글쎄 모든 아이들이 다 손을 들고 있는데 수진이만 손을 들지 않고 있다.

"수진이 잘 던지던데 한 번 더 해 보자."

이렇게 수진이에게 한 마디를 하고 다시 한 번 놀이를 시작했다. 수진이도 어쩔 수 없이 차례대로 줄에 섰다. 아이들의 응원 소리가 교실을 가득 메웠다. 그런데 가만히 보니 수진이가 자기 차례가 되자 던지지 않고 슬쩍 뒷사람에게 넘겨주고 만다. 아이들은 그걸 눈치채지 못하고 그대로 진행이 되었다. 뒤로 넘겨준 수진이는 응원을 열심히 한다. 수진이 줄인 토끼 분단 마지막 아이가 던졌는데도 다람쥐 분단 줄은 많이 남았다. 그래서 내가 수진이에게 고리를 주고 던져 보라고 권했다. 수진이는 안 던지겠단다. 내가 억지로 수진이 손을 같이 잡고 고리를 던졌다. 세 번만에 고리가 걸렸다. 성공이다. 토끼 분단 아이들이 이겼다고 소리소리질렀다. 그제야 수진이가 씩 웃었다.

교실에서 하는 실수, 실패가 아이들에게 이처럼 낭패감을 주는구나!

나는 오늘, 교실에서 하는 실패가 얼마나 아이들을 주눅들게 하고 자신감을 잃게 하는지 분명하게 보았다. 실패를 비난하지도 않았고 비웃지도 않았는데 그렇다. 거기에 꾸중이나 질책이라도 있었다면……. 정말 무섭다. 끔찍하다.

교실은 용기를 잃은 아이들에게 용기와 활기를 주는 곳이어야 한다. 아이들을 주눅들게 하는 교실, 움츠러들게 하는 교실이 되어서는 안 된다. 정말 안 된다. 골목에서는 그렇게 말을 잘 하는 아이들이 교실만 오면 왜 벙어리가 되어 버리는 것일까? 말하기·듣기 책을 한 학기에 한 권을 거뜬하게 떼는데 말이다.

실수가, 실패가 자랑스러운 교실이 되어야 아이들이 기펴고 공부를 할 수 있다.

4월

착한 아이들

읽기 시간에 호준이가 일어서서 글을 읽었다.

> 나무으 시자. (나무를 심자.)
> 사에도 마으에도 나무으 시자. (산에도 마을에도 나무를 심자.)
> 나무으 가구자. (나무를 가꾸자.)
> 우이 모두 나무으 가구자. (우리 모두 나무를 가꾸자.)

첫 줄을 읽었을 때 아이들이 "와아!" 웃었다. 그래서 내가 웃지 말라고 야단을 쳤더니 조용해졌다. 그리고 책 읽는 소리에 귀를 기울였다. 잘 들어 보면 어느 정도 발음이 된다. 지금 어디를 읽고 있다는 것쯤은 짐작할 수 있다. '나무', '우리', '모두' 같은 낱말은 어느만큼 알아들을 수 있었다.

다 읽고 나자 아이들이 "와아!" 하면서 손뼉을 쳐 주었다. 호준이는 그 손뼉 소리는 듣지 못하지만 손뼉을 치는 손 모양과 아이들 표정을 보고 분위기를 금방 알아차리고 싱글벙글거린다. 호준이는 다음 차례로 수연이를 시키고 자리에 앉았다.

동네 산 우리 산

아침부터 아이들이 들떠 있다. 버들피리도 틀고, 뒷산에도 오르겠다고 약속한 날이기 때문이다. 한 시간을 마치고 간다고 했는데도 아침부터 빨리 가자고 야단이다. 언제 가느냐고 묻는다. 날씨가 너무 추워서 갈 수 있을지 모르겠다고 했더니 약속을 안 지키는 나쁜 선생님이라며 입을 삐쭉거린다.

한 시간을 마치고 1, 2반 다 같이 학교 앞 개울을 따라 뒷산으로 갔다. 모자를 쓰고 손에는 버들피리를 틀려고 칼 하나를 들고. 처음에는 추웠으나 산에 오르니 땀이 났다. 아이들이 산에 곧잘 올랐다.

"이 산에 올라와 본 적 있는 사람?"

아무도 없었다. 그럴 줄 알았다. 학교에서고 마을에서고 멀지 않은 데 있는 작은 산인데도 아이들에게는 낯설기만 하다. 아니, 여기 이런 산이 있다는 것을 어쩌면 모르고 있었으리라. 이 산은 저희들과 아무런 상관이 없는 공간이니까 말이다.

동네 가까이에 있는 산은 아이들의 놀이터요, 쉼터요, 공부터요, 삶의 한 컷이 되어야 한다. 봄에는 진달래 따 먹고, 할미꽃 찾아 족두리 만들어 노는 놀이터요, 여름이면 나무 그늘에서 고누를 두는 곳이요, 가을이면 개암이며 머루며 온갖 열매들을 따 먹고 예쁜 단풍잎도 모으는 곳이요, 겨울이면 눈썰매 타고 연 날리는 그런 곳이 바로 우리 동네 산이어야 한다. 그게 자연 보호다. 자연 속에 살면서 자연의 소중함을 몸으로 깨우치는 게 진정한 자연 보호다. '입산 금지'라고 붉은 글씨를 써 놓고 아예 얼씬도 못 하게 하는 게 자연 보호가 아니다. 절대 아니다. 참꽃을 못 꺾게 하는 게 아니라 꺾어서 놀게 하는 게 자연 보호다.

내려올 때는 개울가로 내려와서 버들피리를 틀어 불었다. 아이들이 신기해서 못 산다. 수양버들뿐이어서 잘 틀어지지 않았다. 날씨가 아직 추워서 그런가? 아이들 힘으로는 도저히 틀어지지 않아서 하나하나 만들어 주느라 애를 먹었다.

내가 불 때는 아름다운 소리가 곧잘 나는데 아이들은 잘 불지 못한다. 힘이 모자라 못 불기도 하고, 너무 힘껏 불어서 소리가 안 나기도 한다. 딱 알맞게 불어서 떨림판을 떨게 해야 하는데 그게 쉽지가 않다.

교실 여기저기서 삐삐, 호륵호륵 재미있다. 못 불어서 후후 소리만 내는 아이들이 많았다.

1993년 4월 19일 월요일. 여름날처럼 덥다.

율동 만들기

첫째 시간에 반 노래에 맞춰 만든 율동을 발표하는 대회를 열었다. 어머니와 함께 만들어 온 아이가 16명이나 되었다. 그 가운데서 7명이 발표를 했다. 아이들 모두가 심사 위원이 되어서 심사를 했다. 새롬이가 12표를 얻어서 으뜸상으로 뽑혔다. 새롬이 어머니와 새롬이가 함께 만든 율동을 우리 반 율동으로 정했다. 그리고 새롬이에게는 상장과 공책을 주고 새롬이 어머니에게는 내가 쓴 책《나뭇잎 교실》을 한 권 주었다. 표지 안쪽에 '우리 반 노래에 맞는 율동을 잘 만들어서 이 책을 드립니다.' 하고 써서 보내 드렸다.

오후에 서울에 있는 방송국에서 전화가 왔다. '현장 취재 요즘 사람들'에서 나를 소개하고 싶다며 촬영하러 내려오겠다고 했다. 나는 한 마디로 거절을 했다. 왜 그러느냐고 물었지만 나는 그냥 싫다고만 말하고 전화를 끊었다. 바빠서 아직 학급 문집도 못 냈는데 취재는 무슨 취재.

어머니 모임

우리 반 어머니들 모임을 했다. 2반 선생님에게 어머니 모임을 하자고 했더니 하지 않겠다고 했다. 까닭은, 어차피 어머니들이 다 모이지 못하는데 참석하지 못하는 어머니들이나 그 아이들의 처지를 고려해야겠단다. 일리가 있는 말이다. 그렇지만 그렇게 생각하다 보면 아무런 일도 할 수가 없겠다 싶었다. 그리고 우리 반 어머니들의 요구도 많고 해서 우리 반은 하기로 했다. 생각 같아서는 교육에 대한 이야기도 하고, 글쓰기 공부도 하면서 한 달에 한 번씩만 모여도 좋을 것 같은데 달랑 두 반이 있는데 옆 반에서 하지 않겠다니 우리 반만 계속해서 할 수도 없을 것 같다.

참석한 어머니가 모두 22명이다. 많이 모였다. '열린 마음 빈손으로'라는 표어를 안내장에 큼직하게 써서 보냈더니 모두들 빈손으로 와 주어서 고마웠다. 아마 그 표어가 부담을 덜어 주어 많이 모였으리라. 모임을 오후 5시 퇴근 뒤로 한 것도 잘 한 일인 듯하다. 교장 선생님에게 모임을 한다고 알렸더니, 그것 참 좋은 일이라면서 퇴근할 때 우리 교실에 들러 격려 말씀도 해 주셨다. 고마웠다.

칠판에 '제1회 신나는 교실 어머니 모임' 이라고 떡 써 붙이고 나니 분위기도 괜찮았다. 교장 선생님의 격려 말씀을 듣고, 노래를 불렀다. 노래는 우리 반 노래와, '홀로 아리랑', '아가야, 가자'를 불렀다. 내가 장구를 치면서 앞서 부르면 어머니들은 따라서 배우는 식으로 했다. 나는 원래 노래를 잘 못 부르지만 그래도 자신 있게 하니 그런대로 할 수 있었다. 이어서 '아이들을 자연과 가까이', '군것질과 바보 혓바닥'에 대한 자료를 나누어 주고 내가 이야기를 했다. 환경에 대한 이야기는 《차돌이는 환경 박사》에 나오는, 첨가물의 나쁜 점에 대한 표를 복사해서 나누어 주고 이야기를 했다. 그리고 우리 반에서는 비닐 봉투 안 쓰기, 샴푸 안 쓰기 이 두 가지를 꼭 지키도록 하자는 이야기를 했다. 이어서 어머니들이 테니스 동아리에 대한 토의를 했다.

나중에 3학년을 맡은 유영숙, 이화자 선생님이 들러서 함께 이야기를 했다. 이화자 선생님이 오르간을 쳐 주어서 노래를 더 배우기도 했다. 두 분 선생님에게 고맙다.

1993년 4월 27일 화요일. 날씨가 참으로 좋다.

교실은 법정이 될 수 없다

아침부터 수업을 팽개쳐 놓고 난리 법석을 떨었다. 급식비에다 저금까지 받는 날이다. 집에서 저금 따로 급식비 따로 거스름돈 필요 없게 정확하게 넣어 보내라고 했는데 그게 잘 되지 않는다. 큰 돈을 보내 놓고 거기서 급식비 얼마, 저금 얼마 떼내어 계산하려니까 시간이 여간 걸리는 게 아니다. 그렇게 받은 것이 한 번에 계산이 맞으면 좋은데 틀리기라도 하는 날에는 정말 땀난다. 이건 도대체 아이들 가르치는 선생인지 수금원인지 모르겠다.

내가 나중에 이런 것을 해결할 수 있는 자리에 앉으면 어떤 방법으로라도 선생님이 돈을 걷는 일은 없게 하겠다.

거기까지는 그래도 나은데 아이들이 돈을 자꾸 잃어서 그게 더 큰 탈이다. 육정아가 저금할 돈 15,000원을 잃어버렸단다. 손선미도 또 10,000원을 잃었단다. 기가 찬다. 어제에 이어 오늘도 이러니 이걸 어쩌란 말이냐. 조사를 해 보니 전에 신의도 1,000원을 잃었고, 송수진도 3,000원, 이수진 1,400원, 배준영도 1,000원을 잃었던 적이 있단다.

걱정 속에서 네 시간 공부를 다 마치고 점심을 먹고 와서 돈 찾기를 시작했다. 별별 수를 다 써 봤다. 이건 교실이 아니라 아이들을 공포에 몰아넣는 무서운 곳이요, 죄인을 다루는 취조실이다. 그런 북새통에서 육정아 돈 15,000원을 찾았다. 교실 뒤편에 있더란다.

그런 일을 겪으면서 아이들에 대해 더 깊숙하게 알게 될 수도 있지만, 정말이지 교실은 '신나는 교실'에서 멀어져만 간다.

마음만 먹으면 1학년 교실에서는 그런 일을 저지른 아이를 찾아 낼 수도 있다. 그렇지만 돈을 찾아 내는 그 힘한 과정이 문제가 된다. 한 번 실수를 저지른 아이에게 커다란 상처를 주게 되는 결과를 가져오기도 한다. 다시 돌이킬 수 없는 상처를.

교실은 결과만을 놓고 공정한 판정을 내려주는 법정이 될 수 없다. 교실은 저울 달듯이 정확하고도 기울지 않는 공평의 원리가 적용되어서는 절대 안 되는 곳이라고 나는 늘 생각한다. 돈을 주워서 선생님에게 갖다 준 아이는 칭찬을 받고 돈을 훔친 아이는 벌을 받는 곳이 교실이라면 그런 교실 경영은 누구라도 할 수 있다. 똑같은 결과를 두고 아이에 따라서 칭찬을 할 때도 있고, 꾸중을 해야 할 때도 있는 곳이 교실이다. 그렇기 때문에 교직은 전문직이다.

5월

1993년 5월 3일 월요일. 화창하여 기분이 썩 좋은 날이다.

공포의 날

손가락을 바늘로 찔러 피 검사를 하고, 일본뇌염 예방 주사도 맞았다. 그러니 오늘은 아이들에게 공포의 날이다. 김상진, 황수연, 김인훈, 천경자 들은 보건원이 들어오기가 무섭게 엉엉 울었다.

아프지 않다고 거짓으로 말할 수도 없어 조금 따끔하지만 참을 수 있다고 했더니 끝까지 잘 참는 장한 놈들도 있지만 참으로 겁쟁이도 많다.

오후에는 아이들에게 어린이날 선물로 줄 그림 엽서를 코팅했다. 어제 하루 종일 만든 엽서다. 앞장에는 어린이날을 맞는 것을 축하한다는 글과 아이마다 한 가지씩 장점을 들어 적어 주었다. 뒷장 그림 사이에는 우리 반 노래 '신나는 교실' 노랫말을 적었다.

1993년 5월 4일 화요일. 화창하다. 낮에는 여름 같았다.

장한 우리 반 아이들

소풍날이다. 소풍 장소로 전교 어린이회에서 정한 용연사에 가지 않고 용연사 들머리 옥연지 근처로 가게 되었다. 아이들과 한 약속을 어기

게 된 것이다. 이것을 두고 교무실에서 다툰 것이 조금 언짢기는 했지만 학교를 나서니 상쾌했다. 그 약속을 지키지 못한 것에 대해 교장 선생님이 운동장에서 아이들에게 이야기를 했지만 설득력이 모자랐다.

9시 45분에 떠나서 11시 10분에 목적지에 닿았다. 1시간 30분쯤 걸렸다. 아이들이 다리가 아프다고 난리였다. 조금은 먼 듯했지만 이쯤은 걷게 하는 게 좋겠다 싶었다. 50분쯤 쉬었다가 점심을 먹었다.

할머니가 병원에 입원을 해서 늘 밤늦게 들어오는 아버지와 달랑 둘이서 사는 민진이가 김밥을 준비해 왔다. 다행이다. 안 그래도 어제부터 걱정을 했는데. 김밥 속에다 당근, 미나리, 어묵 같은 것을 넣고 잘 말았다. 민진이를 몇 번이고 안아 주었다. 자꾸 눈물이 나왔다. 아이 가슴에 너무 쉽게 슬픔을 안겨 주는 부모들, 천벌을 받고말고.

소풍 계획대로 정확하게 오후 2시가 되어서 우리 반이 가장 먼저 소풍 장소를 떠났다. 바로 뒤에 3학년 1반이 따라왔다. 몇몇 아이들이 자기 집 승용차를 타고 가겠다는 것을 야단쳐서 함께 데려왔다. 아이들이 몹시 힘들어했지만 달래고 어르고 엄포를 놔 가면서 왔다. 그러나 남자 아이들은 힘이 남아도는지 줄을 빠져 나가 온 데를 다 돌아다닌다. 좁은 길에 차가 많이 다녀서 걱정이었는데 다행히 우리 반 어머니들이 내 눈이 덜 미치는 곳을 봐 주었다.

걸어올 때, 뒤에 따라오던 다른 반 아이들이 버스를 타고 손을 흔들면서 지나가니까 우리 아이들의 불평이 대단했다. 그렇지만 장하게도 끝까지 걸어왔다. 간경동 신호등까지 와서 보니 가장 앞서 오던 우리 반 뒤에는 3학년 1반뿐이다. 모두 버스를 타고 가 버렸다. 어제 직원 회의 때 버스나 승용차를 타지 않고 가기로 결정을 해 놓고도 그런다.

학교에 닿고 보니 김신의가 없다. 신의 어머니가 중간에 태워 갔나? 그럴 어머니가 아닌데? 모레 교실에서 야단을 쳐야겠다.

우리 반 어머니들 몇 명이 집에 가지 않고 우리 교실로 들어가면서 좀 따라 들어와 보란다. 따라가니 짧은 속옷이 한 벌 들어 있는 상자를 하나 쑥 내밀었다.

"선생님이 하도 '빈손으로'를 강조해서 아무것도 못 사 오고, 너무 섭섭해서 이걸 사 왔습니다."

"아니 빈손으로 오시라고 하면 그렇게 하면 되지, 왜 이런 걸 사 옵니까?"

"이것까지 안 받으면 우리들이 너무 섭섭합니다. 아주 허름한 속옷 한 벌입니다."

고맙다면서 받았다. 내 생각을 정확하게 읽고 소풍 장소에 아무것도 가지고 오지 않은 어머니들이 고맙다. 속옷 한 벌이 고마운 게 아니고 내 말을 듣고 그대로 따라 준 우리 어머니들의 깨끗한 마음이 고맙다.

1993년 5월 15일 토요일. 맑았으나 쌀쌀했다.
스승의 날 선물

스승의 날이다. 아이들이 선물을 하나씩 준비해서 들어온다. 꽃을 준비해 온 아이들도 있다.

"야! 니는 왜 선생님 선물 안 가지고 오니?"

미리 와서 내 책상 위에 선물을 얹어 놓은 아이들이 늦게 빈손으로 오는 아이들을 보고 이렇게 나무란다. 그 소리를 듣고 어떤 아이는,

"선생님, 나는 선물 냈지요? 그치요?"

한다. 스승의 날은 선물을 당연히 내야 되는 줄 아는 모양이다. 나는 스승의 날이 되면 정말 쑥스럽다. 다른 선생님들도 그럴 것이다. 아이들 앞에서 선물을 넙죽넙죽 받는다는 것이 얼마나 쑥스러운지 모른다. 그 걸 책상 위에 쌓아 놓아도 쑥스럽고, 그렇다고 어디다 간수한다고 치우

는 건 더욱 쑥스럽다.

첫째 시간에 선물에 대해 아이들에게 이야기를 했다. 선물은 주는 사람도 기쁘고 받는 사람도 기뻐야 선물이다. 그리고 마음의 선물이 가장 값진 선물이라는 이야기를 해 주었다.

둘째 시간에는 일일 교사인 호준이 어머니가 꽃 만들기 수업을 했다. 꽃샘이 어머니와 신의 어머니가 보조 교사를 했다.

호준이 어머니는 생각보다 힘들더라면서 잘 하지 못해 미안하단다. 그러면서 선생님이 얼마나 힘든지 알겠단다. 강사료로 봉투에 만 원을 넣어 주었더니 안 받겠단다.

"선생님은 늘 아무것도 안 받겠다면서 우리한테는 왜 줍니까?"
이러신다.

"이것은 봉투가 아니라 정당한 노동의 대가입니다."
이러면서 줬더니, 평생 강사료라는 것을 처음 받아 보았다며 집에 가서 소중히 보관해 두겠다고 농담을 하면서 받았다.

스승의 날 행사로 전 직원이 해인사에 다녀왔다.

밤에 서울에 사는 동수한테서 전화가 왔다. 사무실을 하나 마련했는데 집들이하는 날이라서 서울에 있는 국민 학교 동창들이 다 모여 있단다. 전화기를 이 손 저 손 건네면서 인사를 했다. 하는 일이 날로 번창한다니 다행이다. 그런데 정작 내가 듣고 싶은 반가운 소식이 없다. 동수는 결혼한 지 벌써 3년이 넘었는데 아직도 아이 소식이 없다. 결혼하고 조금 지났을 때까지는 반가운 소식이 없냐고 물었는데 이젠 물어 볼 용기가 안 난다. 내가 주례를 선 사람들 모두 아들 딸 낳고 잘 사는데 동수는 아직 소식이 없다.

6월

1993년 6월 1일 화요일. 덥다. 여름 같다.

모둠 토의

남방만 입고 출근을 했다. 이렇게 시원하고 좋은데, 그 더운 웃옷을 입고 넥타이를 매고 다녔다. 임어당이 《생활의 발견》이라는 책에서 양복의 불합리한 점을 지적한 글이 생각난다. 정말이다. 남자 정장이라고 하는 양복은 추운 지방이고 더운 지방이고 어디에도 알맞지 않다. 가슴이 훤히 패었으니 추운 지방에 알맞지 않고, 소매가 기니까 더운 지방에도 알맞지 않다. 그런데 그걸 왜 전세계 사람들이 정장이라면서 입을까? 불편하면 바뀌게 되어 있는데도 말이다. 학교에서는 정장이 진짜 불편하다. 학교는 좋은 옷 입고 아이들 앞에서 먼지 톡톡 터는 직장이 아니다. 잠시도 가만히 있지 못하는 아이들과 하루 종일 몸 부대끼며 살아가는 곳이 학교다. 그런 곳에 양복이 어찌 어울리겠는가?

첫째 시간 국어 말하기·듣기 공부로 모둠끼리 토의 학습을 했다. 짝끼리 하는 토의는 여러 번 해 봤지만 네 사람이 모여서 모둠을 만들어 하는 토의는 처음이다.

여우가 학에게 납작한 접시에 음식을 주어 먹지 못하게 했다. 그런데 이번에는 학이 여우를 불러 목이 긴 병에 음식을 담아 주어서 먹지 못하도록 했다.

교과서에 이런 내용이 나와 있는데 이것을 읽고 '학이 꼭 그렇게 복수를 해야만 했을까?' 하는 것을 두고 모둠 안에서 생각을 모아 보자는 것이 토의 주제다.

아이들이 자기 생각을 잘도 드러내어 발표를 했다. "복수를 해야 한다." 또는 "복수를 하지 말아야 한다." 식으로 간단하게 말하고 근거나 까닭은 잘 밝혀 말하지 못했지만 그런대로 잘 했다.

모둠에서 모아진 내용을 말할 때는 시키지도 않았는데 "우리 모둠에서는", "우리 모둠에서 말해 보겠습니다." 하는 말을 하고 똑똑하게 발표를 했다.

나는 신이 나서 둘째 시간에도 시간표대로 하지 않고 모둠 공부를 했다. 내친김에 하자 싶어서 모둠에서 의논을 하여 모둠 이름을 지어 보라고 했더니 그것도 아주 잘 했다. 산토끼, 다람쥐, 장미, 기린, 표범, 복숭아 같은 자연물의 이름을 따오기도 했지만 '통통이', '엉덩이'처럼 재미있는 이름도 지었다.

또 신이 나서 모둠 노래를 함께 의논해서 지어 보라고 했다. 그것은 잘 되지 않아서, 내일 하겠으니 미리 생각해 두라고 일러 두었다.

1학년 아이들은 지극히 자기 중심으로 생활하고 전체를 의식하지 못하지만 네 사람쯤 되는 작은 모둠에서는 자기 역할을 잘 한다.

1993년 6월 3일 목요일. 쌀쌀하다.

예쁜 마음

일찍 출근을 했다. 어쩐지 우울하다. 발걸음이 신나게 옮겨지지 않는

다. 교실에 들어서면서 아이들이 귀찮게 느껴지면 어쩌나 싶었는데 그렇지 않아 다행이다. 멀리서 나를 보고,

"선생님!"

하고 달려오는 아이들. 생글생글 웃으면서 매달리는 아이들. 금방 즐거워졌다.

정아가,

"나 오늘 내복 입고 왔다. 그래서 지금 겨울이다."

해서, 모두 웃었다. 아이들 모두가 소매 긴 옷을 입고 왔다.

꽃샘이는 모둠 노래를 적어 왔다면서 자랑을 했다. 자기 모둠의 호준이가 말을 못 듣기 때문에 호준이 주려고 적어 왔단다. 표지까지 예쁘게 해서 가져왔다. 참으로 예쁜 마음이다.

쉬는 시간마다 아이들이 굴렁쇠를 가지고 놀았다. 오래 전부터 복도에 갖다 놓았는데 거들떠보지도 않더니 요즘 들어 시간만 나면 가지고 나가서 굴리고 논다. 기술이 차츰 늘어나니 재미가 있나 보다.

·7월

1993년 7월 5일 월요일. 덥다. 장마 전선이 제주도 남쪽에 머물러 있다고 한다.

민진이

교문에서 민진이를 만났다. 한눈에도 아주 힘이 없어 보인다.

"민진아, 아침 먹었니?"

내가 어릴 때만 해도 밥 먹었느냐는 인사말이 예사였다. 나는 민진이에게는 늘 이렇게 묻는다.

민진이 부모는 서로 헤어져 살고 있다. 민진이 어머니는 친정으로 가 버린 지 오래고, 민진이는 할머니와 늘 술에 찌들어 있는 아버지와 함께 산다. 그런데 몇 달 전에 민진이 할머니가 다쳐서 병원에 입원을 해 버렸다. 들리는 이야기로는, 외가에 간 민진이를 찾으러 갔다가 며느리인지 그 집 식구들에게인지 맞아서 많이 다쳤단다. 민진이가 너무 불쌍하다. 할머니가 입원한 뒤로는 자주 굶고 다닌다. 아버지가 술에 찌들어 폐인처럼 살아가니 그럴 수밖에 없다. 어떤 때는 아예 집에 들어오지 않아 민진이 혼자서 아버지를 기다리다 쫄쫄 굶은 채로 밤을 새우고 그냥 학교에 오는 날도 있다. 엄청난 아동 학대다. 아이를 굶기는 것은 물론이거니와 혼자 무서움에 떨면서 밤을 새도록 하는 것은 엄청난 정서 학대다. 도대체 우리 나라 법은 왜 이토록 아이들을 방치하는지 모르겠다. 이런 학대를 받고 살아가는 또다른 민진이가 얼마나 많겠는가!

오늘도 민진이는 굶고 왔다. 어제 저녁도 먹지 않았단다. 아버지는 소식도 없단다. 눈물이 핑 돌았다. 세상에 이럴 수가 있단 말인가? 싸우든 원수가 되든 아이는 건사해야 하지 않겠는가? 나는 출근 가방을 든 채로 민진이 손을 잡고 대흥 식당에 데리고 갔다. 2,500원짜리 국밥을 사 주었다.

"민진아, 아버지가 없어서 밥을 못 먹었을 때는 이 집에 와서 아주머니에게 밥을 달라고 그래. 선생님이 돈을 다 줘 놓을 테니까, 알았지?"

민진이가 고개를 살래살래 흔들었다.

"밥 안 먹고 온 날에는 '선생님, 오늘 아침 안 먹고 왔어요.' 하고 말해. 알았지?"

민진이가 밥을 거의 다 먹었을 때쯤 되어 내가 돈을 미리 내고 먼저 학교로 왔다. 민진이가 아주 늦게 학교에 왔다. 머리도 단정하고 얼굴도 말끔하게 해서 왔다. 왜 늦었느냐고 했더니 식당 아주머니가 낯 씻겨 주고 머리 빗어 묶어 주더란다. 나와 민진이가 이야기하는 것을 들었나 보다.

8월

1993년 8월 27일 토요일. 늦더위가 기승을 부린다.

반장 선거

2학기 전반기 그러니까 삼사분기 학급 반장과 부반장 뽑기를 했다. 우리 1학년으로서는 처음 하는 선거다. 반장과 부반장은 우리 반의 심부름꾼이라는 이야기를 해 주고, 우리 반 식구면 누구라도 반장과 부반장을 할 수 있다고 했더니 서로 하겠단다. 어떤 아이는 잘 재보더니 반장에는 안 나오고 부반장을 하겠다고 하기도 한다.

종이를 한 장씩 나누어 주고 자기가 반장으로 뽑아 주고 싶은 사람 이름을 쓰라고 했다. 표를 가장 많이 얻은 사람이 반장이 되는데, 얻은 표가 다섯 표 밑이 되어서는 안 된다는 이야기를 해 주었다. 만약 가장 표를 많이 얻은 사람이 다섯 표가 안 되면 그 사람과 그 다음 사람을 두고 다시 선거를 하겠다고, 선거 방법을 자세히 일러 주었다. 입후보자를 두고 투표를 하는 것이 아니어서 표가 많이 흩어지기 때문에 자칫하면 최고 득점자가 다섯 표 아래가 될 수도 있기 때문이다. 아무리 입후보자가 없는 선거라고 하더라도 다섯 표 이하 당선, 그건 지나치다 싶어서다.

꽤 긴장을 하는 아이도 있었다. 모두들 남이 볼까 봐 가리고 이름을 적는다. 아예 펴 놓고 이름을 적는 아이도 있었다. 이름 적는 것을 살짝 봤더니 그렇게 반장이 되고 싶다던 아이들이 정작 자기 이름을 적지는 않는다. 이게 바로 1학년의 모습이다.

개표 결과 육정아가 여섯 표를 얻어 반장이 되었다. 부반장으로는 김신의와 이새롬이가 똑같이 네 표로 최고 득점을 하여 다시 선거를 했다. 그 결과 김신의가 부반장이 되었다. 남자는 이근재가 부반장이 되었다.

나와서 당선이 된 기쁜 마음을 말로 하라니까 육정아가 한참 있더니,

"여러분, 저를 뽑아 주어서 고맙습니다. 반장 일을 잘 하겠습니다."

절을 꾸벅하고 들어갔다. 이어서 이근재, 김신의도 정아를 따라서 같은 말을 하고 들어갔다.

공부를 마칠 때쯤 되었을 때, 새롬이가 훌쩍훌쩍 울었다. 앞으로 불러서 꼭 보듬어 안고 다음에도 기회가 있으니 울지 말라고 달래 보냈다. 부반장을 굉장히 하고 싶었던 모양이다.

1993년 8월 30일 월요일. 늦더위가 심하다.

김근희 전학

맨 앞자리에 앉아서 또박또박 느릿느릿 말을 잘 하던 아이, 연필 쥐는 자세가 도대체 고쳐지지 않던 아이, 약간 안짱다리인 아이, 받아쓰기할 때 한 개라도 놓치면 그만 찔찔 울어 버리던 아이, 알림장을 가장 늦게 쓰던 아이 김근희가 오늘 대구로 전학을 갔다. 개학날부터 전학을 간다는 말을 하긴 했지만 막상 보내려니 섭섭하다.

넷째 시간에 우리 반 40명은 김근희를 보내는 섭섭한 마음을 편지에 쓰고 한데 묶어 책 한 권을 만들어 주었다. 나도 마지막 장에 편지를 써서 함께 묶었다. 우리 반 식구들의 전화 번호부도 복사를 해서 한데 묶었다.

아이들이 눈시울이 벌겋도록 울었다. 김근희 자식은 울지 않으려고 일부러 소리를 빽빽 질렀지만 끝내 울어 버렸다.

9월

1993년 9월 3일 금요일. 많이 시원해졌다.

지웅이 일기

지웅이 일기를 읽으면서 웃음을 참지 못했다. 어제 교실 뒤 어항 둘레에 있는 화분을 누가 다 망가뜨려 놓아서 화가 났는데 그게 지웅이 짓이었구나. 이 자식이 내가 제 일기를 읽을 줄 뻔히 알면서도 일기에 썼구나. 기분이 참 좋았다. 겁을 먹고 도망가는 지웅이 모습이 눈에 선하게 보였다. 오늘 지웅이 일기를 가지고 일기 솔직하게 쓰기에 대한 공부를 해야겠다. 그리고 지웅이를 많이, 정말 많이 칭찬을 해야겠다.

1993년 9월 2일 목요일. 맑고 선선하다.

나는 오늘 학교 식당에서 밥을 먹고 교실에 왔다가 교실 뒤에 있는 분수대를 보았다. 거기에 있는 고기를 만치고 시펐다. 그래서 참지 못해 고기를 만쳤다. 그 때 근재가 와서 야, 재미있겠다. 나도 한 번 만쳐 보자 캐서 비켰더니 화분이 너머졌다. 화분이 뿌라지고 하나는 (홀)이 (쏘)아졌다. 그래서 나는 그것을 챙그리 노코 선생님한테 야단마즐까 도망을 갔다.

지웅이에게 어제 도망친 것이 나쁜 일이라고 해서는 절대 안 된다. 정직하게 쓴 일기를 두고 이러쿵저러쿵해서도 안 되지만, 현재 중심으로 생활하고 생각하는 것이 1학년의 특징인데 어찌 내일까지 생각하라고 할 것인가. 우선 겁이 나니까 달아날 수밖에.

매맞는 선생님

교실에 들어서니 아이들이 입을 모아 노래를 부른다.

"선생니임 걸렸다아, 선생니임 걸렸다아."

내가 무엇에 걸렸다는 것인가 했더니 글쎄, 내가 운동화를 잘 정리하지 않았단다. 그러고 보니 내 커다란 운동화가 올망졸망한 아이들 운동화 몇 켤레와 함께 교탁 위에 놓여 있었다.

아이들이 하도 신발 정리를 안 해서 신발이 삐뚤삐뚤 복도에 나뒹구는 일이 많았다. 그래서 신발 정리 버릇을 들이려고 며칠 전부터 비상을 걸었다. 가지런히 정리되어 있지 않은 신발은 누구라도 보는 족족 교탁 위에 얹어 놓으면 신발 주인을 찾아 매를 한 차례씩 때리기로 한 것이 그것이다. 우리 교실 신발장은 한 사람씩 넣도록 되어 있지 않고 신발 네 켤레를 한 칸에 나란히 넣도록 되어 있다. 그렇기 때문에 한 사람만 흩뜨려 놓아도 다른 사람까지 피해를 입게 된다.

이상하다. 아무리 생각해도 어제 오후에 아이들을 큰길까지 데려다 주느라고 신고는 제자리에 가지런히 넣었던 기억밖에 나지 않는다. 그 뒤에는 신지 않았다. 내 곁에 신발을 놓는 아이가 잘못해서 내 신발이 흐트러졌는지도 모른다. 그러나 어쩌랴. 이 때까지 나처럼 억울하게 당한 아이들이 분명 있었을 테니까 말이다.

신발 주인을 한 사람 한 사람 찾아서 언제나처럼 매를 한 대씩 때렸

다. 마지막으로 내 커다란 신발이 흉물스럽게 남았다. 아이들이 선생님
도 맞아야 한다고 난리다.

"그래, 맞아야지. 누가 때릴래?"

"저요! 저요!"

서로 자기가 때리겠다고 손을 쳐들고 앞으로 막 걸어 나왔다.

"내가 여러 사람에게 다 맞을 수는 없지. 반장 정아가 나와 때려라."
하고 몽둥이를 정아에게 주고 손바닥을 폈다. 정아가 좋아서 싱글벙글
거리면서 나왔다. 그러고는 두 손으로 몽둥이를 힘껏 잡고 손을 몇 번
겨냥했다. 아이들은 얼굴에 웃음을 가득 담고 조용히 바라보고 있었다.
드디어 정아가 몽둥이를 내리쳤다. 두 손으로 잡고 때리면 더 세게 때리
리라고 생각한 모양이다. 그러나 그게 어디 그런가. 정확하게 때리지 못
할 뿐이다. 몽둥이는 내 손바닥을 맞추지 못하고 손목을 때렸다.

나는 아파서 못 견디겠다는 듯이 두 손목을 헐헐 흔들었다. 아이들이
좋아서 헤헤거렸다. 기분 좋게 하루가 시작되었다.

*11*월

1993년 11월 1일 월요일.

벼를 모르는 농촌 아이들

어제 고승진이 쓴 일기를 그대로 옮겨 본다.

우리 집 뒤에는 벼가 모두 누워 있다. 바보같이 누워 있다. 저 나무
에서 밥이 나온다고 어머니께서 말씀하셨다. 어머니께서 벼 이삭을
한 개 따서 내 입에 넣어 주셨다. 정말 쌀이 있었다. 신기했다.

이 글에서 '우리 집 뒤에는'이라는 말을 빼면 이 아이가 큰 도시 한복
판에 살고 있는 아이라고 생각할 것이다. 그러나 고승진이는 문만 나서
면 논이 펼쳐져 있는 농촌에 살고 있다. 그리고 우리 학교 운동장 서쪽
끝은 논과 맞닿아 있다. 그런데도 아이들이 이렇다. 1학년뿐만 아니라
윗학년도 그렇다. 농촌에서조차 아이들 삶이 이렇게 농사짓는 일에서
멀리 달아나 있으니, 세상이 도대체 어찌 되려고 이러는가? 우리의 목숨
줄이 달린 농사일이 이처럼 하찮은 일이 되어 버렸다. 쌀은 논에서 농부
들이 땀 흘려 얻어 내는 것인 줄 모르고, 돈 가지고 쌀 가게 가서 사 오
면 되는 것으로 안다. 배달까지 해 주니까 아주 쉽게 구하는 게 쌀이다.
과일도 채소도 생선도 다 그렇다. 이런 아이들을 품에 안고 있는 우리

1장 실수가 자랑스러운 교실 51

교사들이 외우고 쓰게 하는 일에만 땀 흘리고 있을 것인가?

텔레비전 골라 보기

가정 통신문을 냈다. 아이들의 생활을 텔레비전에서 조금 떼어 놓았으면 싶어서 냈다. 텔레비전을 아예 없애 버리면 좋겠지만 이젠 그럴 수는 없는 노릇이다. 그렇다고 아이들이 텔레비전에서 한 치도 벗어나지 못하고 살아가는 것을 그냥 두고 볼 수만은 없다.

텔레비전 덜 보는 방법으로, 보고 싶은 프로그램 골라 보기를 권했다. 텔레비전 프로그램들 가운데 자기가 꼭 보고 싶은 것 하나를 골라 시간을 알아 두었다가 그 시간이 되면 켜서 보는 방법이다. 저녁 9시가 되면 뉴스를 보듯이 말이다. 너무나 당연한 이 방법을 야단스럽게 쪽지에 적어 가정 통신문이라는 이름으로 보낸 것은, 늘 텔레비전을 켜 놓고 사는 집이 많기 때문이다.

시장에 갈 때 꼭 사야 할 물건을 적어 가거나 생각해서 가지 않고 그저 기웃기웃하다가 그 자리에서 사 버리는 것과 같은 경우다. 충동 구매라고 하던가?

집 안에 사람이 있고 없고를 알아 내는 방법이 텔레비전이 켜져 있는가 꺼져 있는가라니 정말 너무 심하다. 무엇을 보겠다고 정해서 텔레비전을 켜는 것이 아니라 일단은 켜 놓고 이리저리 채널을 돌리다가 그 가운데서 아무것이라도 본다.

뉴스를 보든지, 연속극을 보든지, 만화 영화를 보든지 일단은 무엇을 보자고 마음먹고 텔레비전을 켜는 일, 그것만 지켜도 텔레비전을 그런대로 잘 써먹는 게 될 것이다.

12월

1993년 12월 1일 수요일. 많이 포근했다.
해룡이 일기

해룡이 일기를 읽으니까 가슴이 아프다. 해룡이를 살짝 안아 주었다.
해룡이 식구들이 모두 마음고생이 크겠다.

1993년 11월 30일 화요일.
오늘이 아빠 재판하는 날이다.
아빠께서 집에 못 오신 지도 벌써 5달이나 되었다. 오늘은 집에 오
실 것이라는 좋은 예감이 들었다. 그런데 재판 결과는 아직 5달 더 있
어야 집에 온다. 엄마는 그만 울었다. 나도 마음이 아프고 아빠가 보고
싶어서 울었다. 우리 아빠는 내가 2학년이 되어야 오신다고 했다. 아
빠가 오실 때까지 나는 어머니 말씀 잘 듣고 동생과 사이좋게 지낸다.

1993년 12월 7일 화요일. 맑았다.
오재미 놀이

쉬는 시간에 아이들과 오재미를 했다. 아이들이 '오재미' 라고 말한

다. 놀이하는 것을 그대로 말하면 제기 던지기다. 아이들이 굉장히 재미있게 하길래 나도 시켜 달라고 해서 함께 해 보니 정말 재미있었다. 피구와 비슷한데 공격자가 던지는 제기를 수비자가 받아 버리면 '알을 깐다'고 한다. 알을 하나 까면 죽은 자기 편 한 사람을 살려 낼 수가 있다. 또 공격자가 제기를 가지고 공격을 하려고 하면 수비자들은 구석으로 도망을 가게 되는데 이 때 공격자가 공중에서 제기를 받자마자 "스톱." 하고 외치면 수비자가 움직일 수 없게 된다. 그 때 공격을 해서 죽인다.

시간 가는 줄도 모르고 놀다가 셋째 시간을 10분쯤 까먹고 교실에 들어갔다. 마지막 시간이 즐거운 생활 시간이라 그 때 그 놀이를 마음껏 하려고 했는데 연필 깎기 대회를 하느라고 하지 못했다. 노선섭과 주선민이 연필을 잘 깎아서 '손재주 있다 상'을 받았다.

1993년 12월 9일 목요일. 맑음.
낭만이 무엇입니까?

읽기 시간에 '석이의 꿈'을 돌아가며 크게 읽었다.

"창문이 덜컹거렸습니다. 캄캄한 창 밖에서는 나뭇가지가 윙윙 소리를 냈습니다."를 읽는데 고승진이가,

"아, 이 낭만!"

하고 소리를 쳤다. 나는 고승진의 그 말이 너무 우스워서 킥킥 웃었다. 그랬더니 정아가 발딱 일어서서,

"고승진에게 묻겠습니다. 낭만이 무엇입니까?"

하고 물었다. 승진이가 싱글벙글 웃으면서 일어서더니 낭만에 대해 설명을 해 나가기 시작했다.

"에, 에, 낭만이라는 것은, 남자는 잘생긴 것이고, 에 그리고, 정아와

원준이가 좋아하는 것이고……."

우물쭈물 승진이가 설명을 하기는 하는데 도무지 무슨 말인지 모르겠다. 승진이가 앉자 정아가 이번에는 나에게 물었다.

"선생님이 가르쳐 주세요."

"그래? 승진이가 설명을 잘 했는데, 나도 잘 모르겠다. 승진이 말처럼 좋은 것인 모양이다."

이렇게 얼버무리고는 모두들 자기의 꿈을 이야기하는 시간을 가졌다.

김경훈이와 추원준은 농부가 되겠단다. 그래서 우리에게 먹을거리를 만들어 주는 농부들은 참으로 중요한 분들이라는 이야기를 해 주었다.

황수연이는,

"저는 원래 의사가 되려고 했는데 어머니께서 의사가 되려면 책과 함께 살아야 한다고 해서 그것이 너무 끔찍해서 그냥 어머니가 되기로 했어요."

나는 그런 말을 하는 수연이가 너무 귀여워서 한참 바라보다가 수업을 마쳤다.

자연만큼 좋은 선생님은 없다

나는 시간만 있으면 아이들을 데리고 산으로 갑니다. 들로 강으로 갑니다. 시간이 있으면 가는 게 아니라 일부러 그런 시간을 만듭니다.

우리 나라 어느 학교, 어느 마을이든 조금만 나서면 산이 있습니다. 큰 도시 한복판에 있는 몇몇 학교나 마을을 빼고는 다 그렇습니다. 그런데도 아이들은 가까운 그 산을 전혀 모르고 자랍니다. 마을이나 학교 뒷산이 아이들의 생활 한 구석이거나 놀이터이기는커녕 아예 거기에 산이 있는지조차 모를 만큼 관심 밖입니다. 학원 가는 골목은 눈을 감고도 찾아갈 수 있고, 가게 진열대에 있는 과자 이름은 욀 수 있으면서 말입니다. 고개만 들면 바라보이는 동네 산에 대해서는 까맣게 모르고 살아갑니다. 이러니 산에서 자라고 있는 온갖 동물이나 식물을 알 턱이 없습니다.

아이들에게는 동네 산이 놀이터요, 자연을 배우는 학습장이요, 몸과 마음을 쑥쑥 자라게 하는 공간이어야 합니다.

봄이면 동무들과 할미꽃 찾아 족두리를 만들어 보기도 하고, 참꽃을 입 안 가득 넣어 벌겋게 먹어 보기도 하고, 뾰족뾰족 예쁘게 올라오는 새싹을 보면서 생명의 아름다움을 몸으로 느껴 보기도 하면 얼마나 좋을까요? 여름날에는 매미채 들고 매미 울음소리 쫓아다니고, 넓은 잎 덮어 쓰고 소나

기 피하고, 산딸기도 따고, 가을이면 알록달록 단풍잎 줍고, 머루나 개암
도 따 먹고, 겨울이면 비료 포대로 눈썰매도 타고……. 이렇게 되어야 그
산이 비로소 아이들 산이 됩니다. 아이들 생활 속으로 들어온 산이 되는
것이지요.

우리 아이들을 정말로 잘 키우려면 학원 선생님, 학습지 지도 선생님, 개
인 지도 선생님들을 한 사람이라도 더 붙여 주려고 애쓸 것이 아니라 자연
을, 산을 선생님으로 모시기를 부모님과 선생님들에게 권하고 싶습니다.

2장 고집피우지 맙시다

1996년

대구 금포 초등 학교 1학년 2반

3월

목욕 재계

오늘부터, 55년 동안이나 써 오던 '국민 학교'라는 이름이 '초등 학교'로 바뀌었다. 이왕 바꿀 바엔 '어린이 학교'라고 했으면 더 좋았을 텐데 하는 아쉬움이 있지만, 일본 냄새가 그대로 나는 국민 학교를 버려서 그나마 다행이다 싶다.

오늘부터 금포 초등 학교로 일자리를 옮겼다. 지난 4년 동안 옥포 초등 학교에 정이 깊이 들어서 떠나기가 싫었다. 한 자리에 오래 머물 수 있는 사립 학교 교사들은 참 좋겠다 싶다.

아침 운동을 갔다 내려오면서 매자골 성불사 법당에 들어갔다. 오랜만에 법당에 들어갔지 싶다. 전에는 아침마다 운동을 마치고 내려오면서 이 법당에 들어가서 삼배를 하고 짧게나마 참선을 했는데 언제부턴가 그냥 운동만 하고 와 버린다.

삼배를 하고 반가부좌를 하고 눈을 감으니 두고 갈 옥포 초등 학교 2학년 아이들이 떠올랐다. 가까운 금포 초등 학교로 간다는 인사도 못 했다. 3월 2일 출근길에 2학년 1반 교실에 들러서 다른 학교로 가게 되었다고 칠판에 써 놓아야겠다고 생각했다. 올해는 몇 학년을 맡게 될까? 2월 27일 전입 교사 소집이 있어서 갔을 때 1희망은 지난 해와 같은 2학년을, 2회망은 지지난 해와 같은 1학년을, 3희망은 6학년을 지원했는데 아마도 6학년이 될 것 같다.

가정 통신문 96-1호를 준비했다. 이는 내 소개말이다. 오늘 반이 결정되면 아이들에게 나누어 줄 글이다. 몇 학년 몇 반 담임을 맡게 될지 몰라서 학년, 반은 비워 두었다. 이 글은 컴퓨터에 저장되어 있기 때문에 조금만 고치면 된다. 디스켓에 옮겨 담고 혹시나 싶어 뽑아서 가방에도 넣어 두었다. 컴퓨터로 고칠 시간이 없으면 뽑아 놓은 원고에 학년, 반만 볼펜으로 써서 복사하면 되도록 준비를 한 것이다.

오후에는 관문탕에 가서 목욕을 했다. 나는 늘 일요일 아침에 운동을 갔다 와서 목욕을 하지만 오늘은 '아이들을 깨끗한 몸과 마음으로 맞는다.'는 뜻을 더해서 목욕을 했다. 3월 1일에 이런 마음을 담아 목욕하는 일은 꽤 여러 해 전부터 해 온 내 연중 행사다. 늘 하는 목욕이지만 마음 먹기에 따라서는 큰 뜻이 있는 목욕이 될 수 있다. 스스로 마음을 다져 먹는 일이 된다. 이렇게 학년 초에 목욕을 하는 것은 오래 전에 부산에 있는 이상석 선생님한테 배운 것이다.

1996년 3월 2일 토요일.
1학년을 맡고

드디어 새 학년을 맞는 날이다. 마음이 들떠서 도저히 집에 가만히 있을 수가 없다. 그래서 6시 40분쯤 되어서 집을 나섰다. 가는 길에 옥포 초등 학교 2학년 1반 교실에 들러 칠판에 커다랗게 '신나는 교실 식구들 씩씩하게 생활하세요. 나는 가까운 금포 초등 학교로 갑니다. 윤태규.' 이렇게 써 놓고 교실을 나왔다. 이른 아침이라 우리 아이들은 한 아이도 보이지 않았다. 오늘부터 3학년이 되지만 일단 2학년 교실로 들어올 것이다. 며칠 전까지 함께 있던 내가 바람처럼 가 버리고 없으니 얼마나 서운할까? 하는 생각을 하니 눈물이 왈칵 나올라 그랬다. 이렇게 쉽게 헤어지게 되는구나! 그렇게라도 써 두고 나오니 조금은 위로가 되었다.

1학년 2반을 맡게 되었다. 2희망으로 되었다. 기쁘기도 하고 조금은 두렵기도 하다. 지지난 해에 1학년을 했는데도 그렇다. 사무는 연구 일반, 시범 운영 보조, 학교 신문 발간이다. 연구 일반은 무엇인지 모르겠다. 차차 알게 되겠지.

1학년은 모두 세 반인데 1반과 3반은 여선생님이다. 1반은 대구에서 오신 나이가 많은 김명자 선생님이고, 3반은 작년에도 이 학교에서 가르친 젊은 황정인 선생님이다.

1학년 담임이 되니 오늘 여유가 있다. 다른 선생님들은 모두 교실에 들어가서 아이들과 첫 만남을 갖는데, 우리 셋은 교무실에서 월요일에 올 1학년 아이들을 맞을 준비를 했다. 먼저 반별로 색색가지 헝겊을 사서 가슴에 달아 줄 이름표를 만들었다. 1반 선생님이 아주 능숙하게 잘 했고 3반 선생님도 몸 아끼지 않고 일을 했다. 커다란 종이에 반 이름을 크게 써서 붙일 것까지 만들었다. 생활 기록부 작성을 위한 기초 조사표까지 만들어 놓고 우리 반 아이들 이름을 외우려고 명단을 복사해서 퇴근을 했다.

월요일이 기다려진다.

1996년 3월 4일 월요일. 운동장에 서 있기에는 추운 날씨다.

교실은 내 모든 것을 바치는 곳

보름이라 찰밥을 먹고 출근을 했다.

10시 조금 지나서 입학식을 했다. 반마다 두 줄로 세웠는데 아이들이 줄을 곧잘 섰다. '앞으로 나란히'를 시켰더니 역시 앞 사람을 안듯이 그렇게 두 손을 앞으로 뻗는다. 예나 지금이나 마찬가지다. 입학식이 꽤나 지루하게 진행되었는데 아이들이 잘 참으며 서 있다. 그 가운데서 유난히 돌아치는 아이가 있다. 전종진이다. 잠시도 가만히 서 있지 못한다. 자꾸만 옆 사람을 집적거린다.

우리 반 귀염둥이들은 모두 36명, 남자가 22명이고 여자가 14명이다.

어머니들에게 두 가지를 단단히 부탁했다. 아침마다 똥을 누게 해서 학교에 보내라는 것과 아침에 절대로 깨우지 말라는 것이다. 깨워 주지 않는 것만 꼭 실천해도 아이 스스로 서게 하는 아주 좋은 교육이고, 부모와 1학년 아이가 적당한 간격을 유지하는 첫걸음이라고 간곡하게 당부를 했다. 또 주순중 선생님이 쓴 《첫 아이 학교 보내기》 책도 소개를 해 주었다. 그리고 가정 통신문 96-1호를 나누어 드렸다.

안녕하십니까?

댁의 귀여운 자녀를 일 년 동안 담임 맡은 윤태규입니다.

먼저 제 소개부터 하겠습니다. 저는 1972년에 안동 교육 대학을 졸업했고, 나이는 마흔일곱 살이며, 교단에 선 지는 올해로 25년째가 됩니다. 그 가운데서 1학년은 두 번 담임한 경력이 있습니다. 고향은 영주이고 봉화에서 17년 동안 근무하다가 이 곳 달성군으로 온 지는 8년째가 됩니다. 올해 우리 학교에 오기 바로 전에는 가까운 옥포 초등학교에서 4년 동안 일했습니다.

짧지 않은 경력이지만 해마다 3월이 되면 이 아이들을 잘 가르칠 수 있을까 하는 두려움이 앞섭니다. 더욱이 올해처럼, 태어나서 처음으로 학교에 들어오는 1학년을 맡을 때는 더더욱 그러합니다.

저는 아이들의 생각을 키워 주고 바른 삶을 가꾸어 가는 데 아주 좋은 교육이 되는 글쓰기 지도에 많은 무게를 두며 교단에 서고 있습니다. 저는, 교육은 단순히 머리나 입으로 하는 것이 아니라 몸으로, 감동으로 깨우치게 하는 것이라 믿고 있으며, 교실은 내 모든 것을 바치는 곳이라는 생각으로 교단에 서고 있습니다. 지켜봐 주세요.

저는 우리 아이들에게 교과서만 열심히 가르치는 교사가 되지 않겠습니다. 우리 것을 아끼는 겨레의 아이로 키우고 싶고, 이웃과 더불어 살아갈 줄 아는 아이, 자연의 소중함을 알고 환경을 생각하는 아이, 땀 흘려 온몸으로 놀 줄 알며 일의 소중함을 아는 아이, 무엇이든 따져 보고 궁리하며 제 생각을 갖는 아이, 스스로 공부하는 아이로 키우고 싶습니다.

그리고 우리 아이들이 자라는 모습이 담긴 학급 문집 〈신나는 교실〉을 다달이 펴낼 생각입니다. 남에게 보이고자 억지로 꾸며 쓴 글이 아니라 진실한 제 삶이 담긴 글을 실어 펴내겠습니다. 그래서 우리 교실 이름도 '신나는 교실'이라고 하겠습니다.

부탁드리고자 하는 것은 아이의 성장에 관심을 가지고 뒷바라지를 하시는 것은 좋지만 적당한 거리를 지켜 달라는 것입니다. 아이가 자란다는 것은 따지고 보면 부모와 거리를 넓혀 가며 홀로 서기를 배워 간다는 말에 다름 아닙니다. 과보호는 아이의 성장을 더디게 합니다.

저는 아이들을 정말 사랑합니다. 그렇지만 아이의 바른 성장을 위해서 느긋하게 바라보는 것 또한 잊지 않겠습니다.

이것저것 말이 많았습니다만, 교육이란 힘겹고 조심스럽고 어려운 일입니다. 늘 지켜봐 주시고 언제라도 저의 잘못을 말해 주시고 도움말 주시면 반갑게 받아들이겠습니다. 교육은 학교와 가정이 함께 일궈 가는 힘든 일입니다.

늘 건강하십시오.

1996년 3월 4일.

대구 금포 초등 학교 1학년 2반 신나는 교실 담임 윤태규 드림.

선생님, 공부해요

원래 계획은 운동장에서 줄서기 공부를 하려고 했는데 날씨가 너무 쌀쌀해서 교실에 있었다.

차례대로 이름을 부르면 크게 대답하고 앞으로 나오라고 했다. 앞으로 나온 아이를 꼭 안고 귀에 대고 속삭이듯이 또 이름을 부르고, 내 귀에 대고 속삭이듯이 대답을 하라고 했더니 곧잘 했다. 그런데 속삭이듯이 대답을 못 하고 크게 "예." 해 버리는 아이도 있었다.

키대로 자리 정해서 앉기, 자기 신발장에 신 가지런히 넣기, 두 손으로 문 여닫기, 복도에서는 왼쪽으로 조용히 다니기, 화장실 쓰는 법 따위를 하나하나 공부했다.

전종진이가 워낙 설쳐 대고 말을 안 들어서 '꽁' 하고 꿀밤을 한 대 먹였더니 삐쳐서 다른 아이들이 일어설 때도 혼자 앉아 있기만 했다. 못본 척하고 눈길 한 번 주지 않았더니 꽤나 오랫동안 그렇게 코를 불고 있었다. 고집이 어지간한 놈이다. 한참 진짜 잊어버리고 있었는데 나중에 보니 다시 설쳐 대기 시작했다. 야단을 쳤지만 밉지는 않다.

여기저기서,

"선생님, 공부 안 해요?"

"공부 언제 해요?"

한다.

"이게 공부야."

하고 말해 주어도 가끔씩 그런 말이 들린다.

아이들은 가고 몇몇 어머니들이 남아서 교실 정리를 했다. 이것저것 설거지를 하느라고 애를 먹는다. 나는 이럴 때가 늘 당황스럽다. 아이들과 내가 살아갈 교실을 어머니들 손을 빌려 정리할 때가 말이다. 청소를 끝내고 교실에 무엇 필요한 게 없느냐고 해서, 보시다시피 아무것도 없다고 대답했다. 커튼을 빨겠다면서 걷어 갔다. 점심 먹으러 같이 가자고 하길래 사양을 했다.

오후에 교실에서 이것저것 정리를 하고 있으니까 가까이 살고 있는 현아와 보련이가 와서 놀다가 갔다. 선생님이 무엇을 하고 있는지 보고 싶어서 왔단다.

내일 줄서기 공부를 할 때 줄마다 과일 이름을 붙여 주려고 과일 그림과 과일 이름을 큼직하게 쓴 팻말을 만들었다. 1반은 동물 이름 팻말, 우리 반은 사과, 포도, 수박, 딸기 팻말을 만들었다. 3반은 꽃 이름을 예쁘게 붙였다.

1996년 3월 6일 수요일. 조금 풀리긴 했지만 여전히 춥다.
자기 소개

일찍 교실에 와서 아이들을 기다렸다. 아이들이 교실을 곧잘 찾아온다.

첫째 시간에 차례대로 자기 소개를 했다. 자기 소개를 시작하기 전에 손나팔을 만들어 크게 "야호!"를 세 번 외쳤다. 아이들이 주눅들지 않고 씩씩하게 말을 하도록 하기 위해서다. 어제 미리 '자기 소개' 한다는 것을 알리려다가 일부러 말을 하지 않았다. 준비 없이 자기를 소개해 보게 하는 것이 좋을 듯해서다. 차례대로 앞에 나와서 나를 한 번 끌어안은 다음 한 손으로 내 손을 꼭 잡고 자기 이름, 사는 동네, 함께 사는 식구들, 아버지와 어머니가 하시는 일 따위를 말하도록 했다. 대부분 아이들이 자기 이름만 조그맣게 말하고 들어갔다. 어떤 아이는 교실이 떠나가라고 소리를 지르기도 했다. 식구들 이름까지 하나하나 말하고 아버지가 하시는 일까지 자세히 소개를 하는 아이도 있었다.

내일부터 하루에 한 번씩 나에게 안겨야 한다고 이르고 정신 없이 하루를 마쳤다.

고집피우지 맙시다

점심 시간에 자리에 앉아서 차례를 기다리던 태근이가 선영이를 마구 때려서 울렸다. 그 모습을 처음부터 지켜보았는데 너무 심하게 때렸다. 급식 당번 어머니들이 있어서 야단치기도 조심스러워서 태근이 가까이 가서 아주 작은 목소리로, 그러나 화난 얼굴로 말했다.

"김태근, 너는 선영이를 너무 많이 때렸어. 오늘 점심 먹지 마."

그렇게 말해 놓고 돌아오다가, 짐승도 음식 먹을 때는 건드리지 않는다는데 밥을 못 먹게 해서야 되겠나 싶어 다시 돌아서서,

"다음부터 그러면 밥 못 먹게 한다. 오늘은 밥 먹어."

이러고 내 자리에 왔는데 태근이가 제 차례가 되어도 고집을 피우며 밥을 받으러 가지 않았다. 영문을 모르는 어머니들이 아무리 달래고 얼러도 새매 눈을 뜨고 고집을 꺾지 않았다.

"그냥 두세요. 점심 한 끼 굶어도 괜찮습니다."

태근이 들으라고 일부러 크게 말했다. 태근이는 끝내 밥을 먹지 않았다.

무엇 때문인지 병준이도 밥을 받지 않고 있었다. 왜 그러느냐고 물어도 코만 씩씩 불면서 말을 하지 않았다. 병준이도 끝까지 밥을 먹지 않았다.

그냥 둬서는 안 되겠다 싶어서 점심을 먹고 금방 보내지 않고 모두 남게 했다. 어떻게 야단을 칠까 하다가, 욕심이 많아 구렁이가 된 옛 이

야기를 고집이 세어서 구렁이가 되어 버렸다는 이야기로 바꾸어 해 주었다. 그러고는 내가 전에 있던 학교에 고집이 워낙 세서 선생님 말도 잘 안 듣고, 점심 시간 때 고집을 피워 밥도 안 먹고, 선생님이 물어도 대답도 안 해서 교실에서 내쫓아 버렸다는 이야기를 진짜인 것처럼 꾸며서 해 주었다. 그래서 그 아이 부모님이 와서 학교에 다니게 해 달라고 했지만 절대로 받아 주지 않았다고 눈을 크게 뜨고 엄포를 놓았더니 태근이 눈이 똥그래졌다.

"선생님, 병준이도 밥 안 먹고 고집피웠어요."

"알아요. 오늘 처음이라서 봐 주겠어요."

아이들을 보내 놓고 '자식들, 내일부터는 그런 고집부리지 않겠지.' 하고 마음을 놓았지만, '버릇이 어째 한두 번에 쉽게 바뀔 수 있나?' 하는 생각도 들고, '이렇게 아이들을 길들여 틀 안에 집어 넣는구나.' 하는 생각도 들었다.

1996년 3월 15일 금요일.

고급 학용품

아이들이 사 오는 학용품을 보니 너무 고급스럽다. 지난번 가정 통신문에 갖추어야 할 학용품 규격을 정해 주었는데도 그대로 사지 않고 좀 더 비싼 것, 좀더 큰 것을 사 준다. 15센티미터 자를 사라고 했는데 필통에도 못 들어가는 30센티미터 자를 사 준다. 12색 크레파스면 충분하다고 했는데도 24색, 36색 따위 호화스러운 것을 산다. 그것도 야단스럽게 만든 가방에 넣어 파는 크레파스를 사 준다.

오늘 아침에는 진아, 희영, 진호 몇몇 아이들이 모여서 자기 크레파스 자랑 대회를 열었다. 자기 크레파스가 더 색이 많다느니 더 비싸다느니 하며 자랑을 늘어놓았다.

첫째 시간 시작하기 앞서, 똥 누고 온 사람 수를 조사하고 이어서 12색 크레파스를 가지고 있는 사람을 알아봤더니 병화와 현아뿐이었다. 참 잘 했다고 칭찬을 해 주었다. 안 되겠다 싶어서, 너무 야단스럽고 비싼 학용품은 아이들 교육에 도움이 되지 않으니 이미 산 것은 어쩔 수 없지만 앞으로는 정해 주는 대로 사라는 내용을 조금 강하게 써서 가정 통신문으로 보냈다.

1996년 3월 25일 월요일.
첫 생일 잔치

1번 원엽이 생일 축하 편지를 써 주었다. 원엽이 생일은 오늘이 아니라 3월 4일이지만 그 때는 입학을 한 지 일 주일도 채 안 되는지라 서로가 이름도 모를 뿐만 아니라 편지를 써 줄 수도 없을 것 같아 오늘까지 미루어 놓았던 것이다. 좀더 미룰까 하는 생각도 해 봤지만 달을 넘기지 않는 게 좋을 듯해서 오늘 써 주기로 한 것이다.

글자를 잘 모르는 아이들이 있기 때문에 내가 나누어 준 생일 편지 종이에 색종이를 오리거나 접어 붙이기도 하고 크레파스로 그림을 그려도 괜찮다고 했더니, 모두들 열심히 접고 오리고 그리고 쓰고 붙이고 했다.

아이들이 생각보다 그림도 잘 그리고 제법 축하 글을 쓰는 아이도 있었다. 차례대로 편지를 모아서 검은 표지를 대고 하나로 묶었다. 앞장에는 준비해 둔 원엽이 사진을 가운데 붙이고 위와 아래에 커다란 견출지를 붙여 날짜와 '신나는 교실 식구들'이라고 썼다. 멋진 선물이 되었다.

미리 준비해 둔 고깔 모자를 씌운 뒤에 원엽이를 들쳐 업고 교실 한 바퀴를 돌았다. 아이들은 우리 반 노래와 생일 축하 노래를 부르며 그냥 얌전하게 앉아 있었다. 처음이라서 얌전하게 앉아 있지만 이제 조금 있으면 업힌 아이를 따라다니면서 엉덩이를 때리고 똥침을 하고 야단이 날 것이다.

"원엽아, 선생님 등에 업히니까 기분 좋니?"

뒤로 고개를 돌려 이렇게 물어도 자식이 그냥 씩 웃기만 할 뿐 아무런 말이 없다. 부끄러워서 얼굴이 빨개졌다. 그렇지만 싫지 않은 표정이다.

4월

1996년 4월 2일 화요일. 꽃샘 추위가 대단하다.

놀고 온 뒷날은 월요일이잖아요

첫 시간 수학 시간, 책을 가지고 오지 않은 아이가 12명이다. 삼분의 일이다. 어제가 개교 기념일이라서 놀았기 때문에 오늘을 월요일로 착각을 해서 그렇다. 책을 왜 안 가지고 왔느냐고 물었더니, 어머니 핑계를 댄다.

"엄마가 그렇게 챙겨 줬어요."

"엄마가 오늘이 월요일이라고 했어요."

"이 자식들아, 내가 공부할 가방을 왜 어머니가 챙기니?"

"내가 챙길라고 하는데요, 엄마가 자꾸만 챙겨 주잖아요."

자식들, 핑계 하나는 참 잘 둘러댄다.

안 되겠다. 교과서 아홉 권 모두를 사물함에 넣어 두고 다니도록 해야겠다. 그렇게 하면 이렇게 책을 잘못 가지고 올 걱정도 없고 또 책가방 무게도 가벼워지지 않겠나? 숙제가 있는 책만 달랑 가방에 넣어 가도록 해야겠다.

어머니들을 만날 때마다 지나친 보호는 아이가 어려운 일을 혼자 헤쳐 나갈 힘을 가로막는 일이라고 이야기를 했는데도 그게 잘 되지 않는다. 너무 끌어안고 키운다. 아이들이 자란다는 것은 결국 혼자 선다는 것이다. 1학년이면 1학년 수준에서 자기에게 닥친 일을 <u>스스로</u> 해결하고 처리해 나가도록 해야 한다. 아이들이 스스로 서지 못하도록 부모님이 방해를 해서는 안 된다고 그리도 이야기를 하건만 그게 잘 되지 않는다.

1996년 4월 10일 수요일. 맑고 따뜻하다.
그림을 그릴까? 운동장에서 놀까?

셋째 시간에 6학년 2반 공개 수업을 보러 갔다. 가기 전에 우리 반 아이들에게,

"즐겁게 놀았던 일 그리기 할까? 아니면 운동장에서 놀까?"

하고 물어 보았다. 무엇을 고를지 너무나 뻔했지만 1학년 아이들은 그리기를 좋아하니 혹시나 싶어서였다. 그러나 역시 운동장에서 놀자고 한다. 모두 한 목소리다.

교문 밖으로 나가지 말 것.

교실에 들어오지 말 것.

반드시 놀이터나 운동장에서만 놀 것.

이 세 가지를 꼭 지킬 것을 당부하고 3층 6학년 교실로 갔다. 가끔씩 밖을 내다보니 아이들이 신나게 잘 놀았다. 운동장 한 구석에 있는 자동차 헌 발통을 굴리면서 노는 아이, 굴렁쇠를 굴리는 아이, 놀이터에서 그네를 타거나 정글짐에서 잡기 놀이를 하는 아이…….

수업을 보다가 가끔씩 아이들을 보는 게 아니고 아이들이 노는 모습을 보다가 가끔씩 수업을 보았다. 그런데 동무들과 어울리지 않고 빈둥거리는 놈들이 있다. 근구가 씨름장 있는 데서 혼자 우두커니 서 있고, 정민이도 방울나무에 붙어 서서 몸만 꺼덕꺼덕하고 있다. 하나, 둘, 셋……. 아무리 세어 봐도 36명이 되지 않는다. 마구 뛰어다니는 놈들

이 있어 잘 셀 수가 없었다.

6학년 수업은 경단 만들기인데 너무 많이 만들어서 6학년 아이들과 참관 선생님들이 실컷 먹고도 남았다. 그 남은 떡을 운동장이 좁아라고 내닫는 우리 아이들에게 주면 얼마나 잘 먹을까 싶었다. 남은 떡을 자꾸 보면서 6학년 교실을 나왔다. 나 어릴 때 우리 어머니가 잔칫집 갔다가 손수건에 떡을 싸 오시던 일이 떠올랐다.

1996년 4월 12일 금요일.
선생님 눈이 동그래요

국어 읽기 시간에 묻는 문장을 어떻게 읽는지 공부했다.

"아기나무 자라서 큰 나무 되지. 우리는 자라서 무엇이 될까?"

여기서 '무엇이 될까?'를 되풀이해서 읽고 따라 읽도록 했다.

"자, 선생님이 어떻게 읽는가 잘 보세요. 물음표가 있으면 이렇게 읽습니다. 무엇이 될까?"

'까?'에 힘을 주어 높여 읽고는 그 여운이 오래 남도록 하기 위해서, 벌린 입과 표정을 그대로 하고 한참 있었다. 마치 '그대로 멈춰라' 놀이를 하듯이.

"선생님이 어떻게 읽는지 잘 봤지요?"

묻기가 바쁘게 가장 앞에서 나를 자세히 쳐다보던 기영이가 손을 번쩍 들고 일어났다.

"선생님 눈이 요렇게 되네요."

기영이가 고 귀여운 두 눈을 똥그랗게 뜨고 나를 빤히 쳐다봤다.

"뭣이?"

나는 그만 웃음이 나와서 "킥킥." 웃고 말았다.

"어떻게? 기영아, 어떻게?"

내가 기영이 얼굴을 보고 웃자 아이들이 기영이를 쳐다보며 다시 한 번 해 보라고 야단이다.

"기영아, 내가 어떻게 읽더라고?"

내가 다시 한 번 해 보라고 이렇게 물었더니,

"무엇이 될까?"

하면서 눈을 똥그랗게 뜨고 입을 헤 벌리더니 그 표정 그대로 둘레를 휘휘 둘러본다. 아이들이 그 모습이 우습다고 깔깔댔다.

그 시간이 끝나고도 아이들은 "무엇이 될까?" 하면서 재미있는 얼굴 표정을 지으며 히히덕거린다. 그게 그만 놀이가 되어 버렸다.

1996년 4월 15일 월요일.

기환이 사고

셋째 시간 마치고 쉬는 시간에 작은 사고가 났다. 기환이가 엎어져서 입술이 터졌다. 등나무 교실 시멘트 걸상에 엎어져 입술이 많이 터졌다. 저희들끼리 잡기 놀이를 하다가 엎어진 모양이다. 처음 아이들이 "기환이 입에서 피 나요." 했을 때는 대수롭지 않게 여기고 그냥 지켜만 봤는데 자세히 보니 생각보다 많이 다쳤다. 그래서 양호실에 갔더니 병원에 가서 꿰매야 되겠단다. 집에 전화를 했더니 기환이 삼촌이 와서 병원에 데리고 갔다.

아이들을 집으로 보내고 몇몇 아이들과 남아서 청소를 하는데 기환이 집에서 전화가 왔다. 기환이 어머니다. 집으로 몇 번 연락을 해도 통화가 되지 않던 참이었다. 나는, 어느 병원에 갔으며 몇 바늘이나 꿰맸는지, 이는 다치지 않았는지 궁금해서 이것저것 물어 보았다. 그런데 내 물음에 대답은 하지 않고, 어쩌다가 그렇게 많이 다쳤느냐고 따지듯이 물었다. 노는 시간에 등나무 교실에서 아이들과 잡기 놀이를 하다가 엎어져서 다쳤다고 말해 주었다. 그랬더니 누가 밀었느냐고 했다. 싸우다가 그런 것이 아니고 놀다가 넘어졌는데 어찌 다치게 한 사람이 있겠느냐고 했더니, 너무 많이 다쳤기 때문에 누가 그랬는지 알아 내야겠단다.

일부러 그런 게 아닌데 너무하다 싶다. 설령 아이들이 싸움질하다가 다쳤다고 하더라도 어른들 세계에서처럼 잘잘못을 따질 수 없는데 말이다. 물론 내 아이가 많이 다쳐 오면 화가 안 나는 것은 아니다.

잠시도 가만히 있지 못하는 아이들이 살아가는 곳, 학교의 모든 물건은 무서운 흉기가 될 수 있다. 그래서 학교의 모든 시설물은 정말이지 안전을 무엇보다 앞자리에 두어야 한다. 교실과 복도, 출입문 모두 온통 유리창으로 둘러싸여 있는데 그 유리창이 깨지면 온몸이 오싹할 만큼 무서운 흉기가 되어 버린다. 가끔 듣는 '쨍그랑.' 소리, 그 소리가 날 때마다 정말이지 간담이 서늘해진다. 아무리 돈이 많이 들어도 아이들이 있는 유치원과 학교의 유리창만은 오르르 내려앉는 것이어야 한다. 자동차 유리창 같은 것 말이다.

1996년 4월 16일 화요일.
오줌 쌌어요

두 시간을 마치고 쉬는 시간에 지민이가 오줌을 쌌다는 말이 몇몇 아이들 입을 통해서 바람결처럼 들려왔다.

나는 못 들은 척했다. 이럴 때가 참으로 난감하다. 한 아이가 혼자 감당하기에 어려운 일을 당했는데 못 본 척할 수도 없고, 그렇다고 호들갑스럽게 나서다 보면 아이가 더 난처해질 수 있고.

못 들은 척하고 셋째 시간 공부를 시작했는데 지민이 자리가 비어 있다. 아이들 활동 시간에 살짝 여자 화장실에 가 보았다.

"지민아, 지민아, 어디 있니?"

작은 목소리로 불렀다. 대답이 없다. 화장실 한 칸이 안에서 잠겨 있다.

"지민아, 문 열어 봐."

인기척이 없다. 옆 칸에 들어가서 휴지통을 밟고 칸막이 너머로 들여다보니 지민이가 우두커니 서 있었다.

"지민아, 팬티는 벗고 바지만 입고 나와. 바지는 조금 있으면 마를 거야. 아이들에게는 화장실에서 넘어져서 바지가 젖었다고 말할게. 알았지?"

지민이가 고개를 끄덕거렸다.

"빨리 해. 마침 시간 되면 아이들이 몰려온단 말이야."

마침 화장실 바닥에 물이 흥건하게 고여 있었다. 거기에다 물뿌리개로 물을 조금 더 뿌려 놓았다. 그러고는 교실로 들어왔다.

"얘들아, 너희들 화장실에 조심해서 다녀라. 지민이가 조심하지 않고 가다가 넘어져서 바지를 다 버렸어. 아이들이 오줌 쌌다고 놀리니 그만 말도 못 하고 울고 있잖아, 바보처럼. 다치지 않았으니 다행이지."

이랬더니 몇몇 아이들이,

"아닌데. 오줌 쌌는데."

이런다.

"나도 화장실에 갔다가 넘어질 뻔했어. 정말 큰일나겠다. 조심해라. 알겠지?"

다시 한 번 이렇게 말했더니 아이들이 믿는 듯했다.

"나도 그전에 넘어졌어요."

성욱이가 큰 소리로 말을 했다.

"그래, 그렇지. 조심해야 돼."

성욱이가 나를 도와 준 게 되었다.

1996년 4월 23일 화요일. 화창한 봄 날씨다.

선생님이 알아서 말해 주세요

중간 놀이 시간을 알리는 음악이 흘러나왔다. 윗도리를 체육복으로 갈아입고 호루라기를 찾아 목에 걸고 나가려고 하는데 보련이가 제 치마를 걷어올리면서 자꾸만 뭐라고 설명을 했다. 도무지 무슨 말인지 알아들을 수가 없다. 어제까지 내복을 입고 다녔는데 오늘부터 내복을 벗어 놓고 왔단다.

"보련아, 지금 중간 놀이 하러 가야 되잖아. 갔다 와서 이야기하자."

이러면서 보련이 등을 밀며 가자고 했더니 다시 설명을 시작했다.

무슨 말인지 자세히는 모르겠지만 내복을 안 입고 왔는데 중간 놀이를 하러 가도 춥지 않겠느냐고 묻는 듯했다.

"보련아, 그래서 중간 놀이 하러 못 간다 이 말이지?"

이렇게 물었더니,

"선생님, 그거는 선생님이 말해 주세요."

한다. 내가 판단해서 나가라 말아라 해 달라고, 그렇게 설명을 한 것이다.

"보련아, 오늘은 날씨가 춥지 않다. 그렇지만 보련이가 나가든지 안 나가든지 그건 니가 알아서 해라."

이렇게 말하고 바쁘게 교실을 나오려고 하는데 보련이가 고개를 갸우뚱하더니 나보다 앞서 밖으로 뛰어나갔다.

내가 너무 급하게 서둘러서 보련이 말을 잘 못 알아들었지 싶다. 보련이는 어떤 경우에도 시들지 않는 차분한 아이다.

전문직이라면서

교직은 전문직이다. 그렇다면 우리 교사들은 당연히 전문 직업인이다.

아이들이 싸우면 못 싸우게 하고, 청소 지도할 때 곁에 서서 감독하고, 불량 식품 못 먹게 하고, 복도에 졸로리 줄서서 다니게 하고, 떠드는 아이들 잡아서 벌주고, 교과서 열심히 가르치고, 숙제 열심히 내서 검사 열심히 하고, 자기는 쓰지 않으면서 일기 열심히 쓰라고 하고……. 이런 일 열심히 한다고 전문직이라고 할 수 있을까? 다달이 봉급 주는데 어떤 어른이 그걸 못 할까?

오늘 운동장 조회를 하면서 이런 생각을 했다. 부끄러웠다. 더운 날씨에 아침부터 전문직인 선생님들이 번갈아 조례대에 올라가서 열심히 전문직을 수행했다. 줄을 잘 서라, 체육 시설을 바르게 써라, 불량 식품을 사 먹지 마라, 먼저 인사하기를 꼭 실천하자. 참으로 지루하게 잔소리가 이어진다. 그 더운 날씨에, 늘 하는 그 소리가 아이들에게 얼마나 설득력이 있을 것인가? 꾸중이 많아지고, 당부가 이것저것 늘어지면 앞에 들은 것까지 잊어버린다는 것은 상식이다. 전문직 교사가 아니더라도 알고 있다. 그런데 전문직이라고 말하면서 그런 상식 하나 모르고 교단에 서고 있다. 참으로 부끄럽다.

아이들이 발장난을 하니 잔소리 방향을 돌려 똑바로 못 서 있다고 잔소리를 한다. 아이들을 모르면서, 아이들을 알려고 하지 않으면서 교단에 선다는 것은 정말이지 가장 무서운 일이다. 잔소리를 끝내고는,

"약속할 수 있지요?"

이 말 한 마디로 정리를 하고 확인을 한다. 당연히 아이들 대답은 "예."이다.

약속이라니? 약속은 서로 합의해야 이루어지는 것이지 어느 한쪽이 쏟아부은 잔소리가 어떻게 약속이 된다는 말인가? 나중에 그 약속이 어떻게 이어지는가는 너무나 뻔하다.

"지난번에 그만큼 약속을 해 놓고 또 그런 짓을 해?"

"너희들은 약속을 어겼으니 벌을 받아 마땅해."

이렇게 되는 것이다.

이 전문가답지 못한 일들을 나도 교실에서 해대고 있지 않은가!

5월

1996년 5월 7일 화요일. 흐리다.

심부름하는 기쁨

일찍 출근을 했다. 교실 문을 열고 들어서니 교실 뒤편 어항에 있는 물레방아 돌아가는 소리가 제법 크게 들린다. 저 소리를 이렇게 크게 듣기는 처음이다. 날씨도 흐린데 둘레가 너무 조용해서 그렇다. 잠시 뒤 우리 개구쟁이들이 몰려오면 저 물레방아 돌아가는 소리쯤은 금방 진공청소기에 먼지 빨려들어가듯이 사라져 버릴 것이다.

물통에 물을 떠 와서 음지 식물에 물을 주고 왁스로 교실 바닥을 닦았다. 교실 바닥이 워낙 험하고 기름에 찌들어 시커멓다고 했더니 1반 선생님이 닦아 보라고 준 왁스다. 닦아 놓고 나니 냄새가 많이 난다. 괜히 왁스 청소를 했다. 아이들이 오기 전에 이 왁스 냄새가 다 없어지면 좋으련만 그럴 것 같지가 않다. 이왕 냄새나는 왁스를 발랐으니 밀대질이나 열심히 하자 하고 닦고 있는데 영환이가 1등으로 왔다.

"안녕하세요?"

생글생글 웃는다. 인사도 활기차게 했다.

"그래, 영환이 참 빨리 왔네."

가방을 자기 자리에 둔 영환이는 빈둥빈둥이다. 동무가 아무도 없으니 그럴 수밖에 없다.

'어떻게 하면 1등으로 교실에 들어온 보람을 줄까?'

이런 생각을 하다가 나는 얼른 밀대를 제자리에 두고 내 자리에 앉았다. 내 자리에는 조금 전에 교무실에서 아이들 수만큼 복사를 해 온 편지 종이가 있다. 나은애에게 줄 생일 축하 말을 쓸 편지 종이다. 그걸 책상마다 한 장씩 나누어 주라고 했더니 좋아라고 그 일을 했다.

"선생님, 두 장 남았어요."

마지막 책상 위에 편지 종이를 올려놓은 영환이가 남은 종이를 쳐들고 이런다.

"선생님도 한 장 줘야지."

"아 참, 맞다."

앞으로 팔짝팔짝 뛰어왔다.

"영환아, 선생님 일 도와 줘서 고맙데이."

이러면서 꼭 안아 줬더니,

"선생님은 두 장 써요?"

이런다.

영환이가 행복해하는 모습을 보면서 하루를 기쁘게 시작할 수 있었다.

1996년 5월 10일 금요일. 아주 쾌청한 날씨다.

주물러 드릴게요

몸이 찌뿌듯해서 기지개를 켜면서,

"아이고, 죽겠다."

했더니 동현이가 천천히 앞으로 나와서 내 등 뒤로 오더니 내 팔을 주무르고 등을 두들겼다. 제법 능숙하고 힘이 들어갔다.

"아이고. 시원타. 아이고. 좋다."

이랬더니 더 힘을 줘서 주무르고 두들겼다.

"동현아, 어째 이렇게 잘 주무르니?"

"집에서 아버지와 어머니를 주물러 드려요."

한다.

퇴근을 해서 신문을 보고 있는데 종위 어머니한테서 전화가 왔다. 학교에 들어오기 전까지 종위가 학원 세 곳을 다녔는데, 학교에 다니면서 오히려 너무 놀기만 한단다. 돈 몇 푼 벌려다가 하나뿐인 자식 장래 망치는 것 같아 늘 고민하면서 산다고 했다. 그래서 일을 그만둘까 하는 생각도 해 봤단다.

"선생님, 괜찮을까요? 선생님은 다른 선생님과 달리 아이들 교육에 대해 아는 것이 많은 것 같아서 이렇게 물어 봅니다."

여러 번 망설이다가 전화를 한 것 같다. 입학한 지 얼마 지나지 않은 어느 날, 종위의 '위' 자를 한자로 어떻게 쓰는지 물었더니 모르겠다며 굉장히 부끄러워하던 어머니다. 그 때, 남의 나라 글자인 한자를 모르는 것은 조금도 잘못된 일이 아니며 부끄러운 일은 더욱 아니라고 말씀드렸더니 금방 얼굴이 환해지시던 분이다.

종위가 학교 생활을 잘 하고 있으니 마음 놓으라는 말과 함께 학원과 공부 이야기, 아이가 씩씩하게 자란다는 것에 대한 이런저런 이야기를 해 드렸다. 아주 마음을 놓으시는 듯했다.

1996년 5월 17일 금요일.

운동화 속에 거북이가 들어갔어요

오후에 교무실에서 일을 하다가 교실에 와 보니 뒤에 있는 어항 둘레에 아이들이 우르르 몰려서 구경을 하고 있었다. 가만히 보니 옆 반 3반 아이들이다. 내가 들어가니 움칫했다.

　"괜찮아. 구경해도 괜찮아. 그렇지만 물에 손을 넣지는 마세요."

　가만히 보니 아이들 손이 젖어 있었다. 물에 손을 담그고 놀았던 모양이다. 한쪽 손에 운동화를 들고 있는 것을 보니 복도로 지나가다가 잠깐 들러서 구경을 하고 있는 모양이다. 아이들이 주춤주춤하는 게 뭔가 이상했다. 자꾸만 내 눈치를 보는 듯했다. 내 눈치를 보면서 주춤주춤 뒷문 쪽으로 가려고 하기에,

　"왜 그래? 괜찮다니까. 구경 더 해. 거북이가 얼마나 귀엽니."

하면서 내가 어항 쪽으로 갔다.

　"너희들, 물에 손 담그면 거북이가 싫어한다. 알겠나?"

이러면서 어항 속을 들여다보는데,

　"선생님, 거북이가 내 신발 속에 들어가 있어요."

이러면서 한 아이가 신발 속에서 거북이를 꺼내 보였다.

　'이 자식들. 거북이를 잡아 냈구나. 그래서 그렇듯 어색해했구나.'

　"어! 거북이가 왜 거기에 들어갔노? 신발을 신고 싶었던 모양이다. 얼른 물에 넣어 줘라. 목마르겠다."

　"예."

아이가 얼른 거북이를 어항에 집어 넣었다.

　'자슥들.'

자꾸 웃음이 나왔다.

재미있는 숙제

교실에 일찍 온 아이들 여남은 명이 모여서 저희들끼리 아주 재미있게 이야기를 나누고 있다. 무슨 이야기를 하는지 모르겠다. 칠판에 붙여 놓은 낱말 카드 다섯 장을 쳐다보며 읽는 아이도 있었다.

경철이가 열려 있는 뒷문으로 들어왔다. 앞자리에 있던 원영이가 손을 번쩍 치켜들었다. 인사다. 경철이가 싱긋 웃으면서 오른손을 들어 원영이 손바닥과 '딱.' 하고 마주쳤다.

진아가 시들어 축 늘어진 아카시아꽃 한 가지를 들고 뒷문으로 들어오다가 나를 보고,

"선생님, 이거."

한다. 오른손에 아카시아 가지를 치켜들고 가방도 벗지 않은 채 나에게 쫓아왔다.

"선생님 드리려고 어제 꺾었는데 아침에 보니 이렇게 되었어요."

진아가 아카시아꽃 가지를 내 눈 앞에 바짝 갖다 댔다.

"에이, 다 고물이 되었잖아. 나는 어제 이것보다 더 큰 것 봤는데. 에이, 내가 그걸 꺾어 올걸. 선생님, 내일 꺾어 올까요?"

원엽이가 슬금슬금 내 자리로 와서 거들었다. 그러고는,

"선생님, 우리는 어제 아버지, 어머니, 형 이렇게 다 같이 산에 갔어요. 근데 내려오는 길에 민들레가 있어서 민들레 피리도 불어 보았어요."

아주 잘 했다고 칭찬을 해 주었더니 좋아서 싱글벙글이다.

정승이는 아버지가 별 날라꾸리한 숙제도 다 낸다고 하더라고 했고, 성욱이는 꽃에 먼지가 있어서 나쁘다고 못 빨아먹게 해서 어머니 몰래 빨아먹었다고 자랑을 늘어놓았다. 지난 토요일에 낸 재미있는 숙제가

'아카시아꽃 꿀 빨아먹기'다. 그 숙제를 내기에 앞서 요사이 어떤 꽃이 피느냐고 물었더니 아카시아라고 대답한 아이가 하나도 없었다. 민들레, 개나리, 진달래 같은 이른 봄꽃 이름을 댔다.

1996년 5월 27월 월요일.

고추 보이네

아이들이 교실에 들어오기가 바쁘게 자기 돌 사진을 쳐들고 나한테 와서 자랑을 했다. 어릴 때 제 모습을 보는 게 재미있나 보다. 서로 돌려보면서 깔깔거렸다.

종진이도 가방을 자기 자리에 갖다 놓기가 바쁘게 사진을 들고 나왔다. 그러더니 나를 보여 주지도 않고 마냥 웃어제낀다. 사진을 보여 주려고 하다가 얼른 감춰 버리고 한다. 몇 번이고 그러더니 사진을 쑥 내놓았다.

"선생님, 아무에게도 소문내지 말아요. 알았지요?"

고추를 내놓고 있는 백일 사진이다. 나는 사진에 있는 종진이 고추를 가리키며 웃었다. 일부러 웃어 주었다. 종진이가 얼른 사진을 감춰서 가지고 가면서,

"선생님, 소문내면 안 돼요. 알았지요?"

다시 한 번 부탁을 하면서 들어갔다.

그런데 나중에 보니 고추가 보이는 종진이 사진이 여기저기 돌아다니며 아이들을 웃겨 주고 있었다. 종진이는 그걸 빼앗으려고 쫓아다녔다.

나한테 그만큼 소문내지 말라고 부탁하던 녀석이 제 입으로 소문을 내반 아이들 모두를 깔깔거리게 하고 있는 것이다.

아이들 세상은 물론 어른들 세상에서도, '비밀이에요.'는 '살짝 알려

도 돼요.'가 되고, '웃지 말아요.'는 '웃어도 괜찮아요.'이고, '부끄러워요.'는 '자랑스러워요.'가 되는 경우가 흔하다. 종진이가 제 사진을 두고 비밀이라는 것도 그 꼴이었다. 그게 우스워 씩 웃고 말았다.

선생님, 집 나왔어요?

출근할 때 들고 다니는 내 가방은 제법 크다. 그래서 가끔씩 "가방 크다고 공부 잘 하나?" 하는 핀잔을 듣는다.

큰 가방을 들고 복도에 들어서니 먼저 온 진아, 근구, 민화가 쪼르르 마중을 나왔다. 늘 내가 가장 먼저 오는데 오늘은 내가 조금 늦었다. 진아가 내 가방을 얼른 받아 들었다. 근구와 진아가 서로 가방을 들겠다고 다투었다. 가방이 무거워서 진아가 뒤뚱뒤뚱거렸다.

"선생님, 집 나왔어요?"

뒤에 따라오던 민화가 이렇게 물었다.

"왜?"

"선생님 가방이 크잖아요."

"가방이 크면 집 나온 거니?"

"예, 가방 크면 집 나온 거 맞아요."

"그래, 집 나왔다. 오늘부터 민화네 집에 가서 밥도 먹고 잠도 자고 해야겠다."

"헤헤헤."

"아니야, 이야기 보따리가 있어서 그래."

아무 말 없이 걷던 근구가 이렇게 말했다.

6월

첫 일기 쓰기 준비

7월 1일부터 일기 쓰기를 할 작정으로 오늘 아이들에게 일기 한 편을 복사해서 나누어 주고 공부를 했다. 그 일기는 3년 전에 옥포 초등 학교 1학년 김지웅이 쓴 일기다. 틀린 글자도 있고 사투리를 그대로 쓴 곳도 많아서 보기 글로 꼭 알맞다. 특히 잘못한 것을 솔직하게 쓴 부분이 모범이 될 만하다 싶어서 골랐다.

1993년 9월 2일 목요일. 맑고 선선하다.

나는 오늘 학교 식당에서 밥을 먹고 교실에 왔다가 교실 뒤에 있는 분수대를 보았다. 거기에 있는 고기를 만치고 시펐다. 그래서 참지 못해 고기를 만쳤다. 그 때 근재가 와서 야, 재미있겠다. 나도 한 번 만쳐 보자 캐서 비켰더니 화분이 너머졌다. 화분이 뿌라지고 하나는 ㉭이 ㉱아졌다. 그래서 나는 그것을 챙그리 노코 선생님한테 야단마즐까 도망을 갔다.

이 글을 다 같이 읽고 나서 나는 참 잘 쓴 일기라고 입에 침이 마르도록 칭찬을 했다. 그랬더니 내 예상대로 아이들이 틀린 글자가 많아서 잘

88

쓴 일기가 아니란다. 그래서 틀린 글자가 있기 때문에 좋은 일기라고 말
해 주었다. 일기 쓸 때 글자를 잘 몰라도, 그래서 틀려도 괜찮다는 이야
기를 했다. 사투리를 그대로 쓴 일, 날씨를 자세하게 쓴 일, 거짓말하지
않고 정직하게 쓴 일 따위를 들면서 잘 쓴 일기라고 자꾸 치켜세웠다.
그랬더니 또 내 생각대로 자기들도 이만큼은 쓸 수 있단다. 진아는 내일
부터 당장 쓰자고 한다. 성욱이도 쓰자고 그런다.

"정말? 당장 일기 쓸까? 너희들, 이만큼 쓸 수 있겠어?"

"예, 쓸 수 있어요. 그 정도는 누워서 떡 먹기지요."

"맞아, 우리 신나는 교실 도사님들은 진짜 잘 쓸 거야. 그렇지만 조금
만 참아. 알았지?"

오늘 본보기 글 보여 주기는 일단 성공이다. 이 달 말까지 몇 편을 더
복사해서 공부를 해야지. 그래서 쓰고 싶어 못 견디도록 만들어야지.

1996년 6월 22일 토요일. 구름이 많이 끼었으나 더웠다.

책가방 없는 날

아이들이 아침부터 신이 나서 야단들이다. 오늘이 '책가방 없는 날'이
라 낙동강 모래밭에 가기로 했기 때문이다.

1학년 담임 셋이 어제 오후에 고령 대교 밑에 미리 가서 알맞은 곳을
봐 두었다. 다리 바로 밑에 땅이 움푹 패어 물이 고인 곳과 모래밭이 있
었다. 저만치에 흐르는 낙동강 때문에 위험하긴 하지만 미리 안전 지대
표시를 해 놓고 선생님이 안내를 잘 하면 아이들이 놀기에 참으로 좋은
곳이었다. 넓게 펼쳐진 모래밭 가운데 고여 있는 얕고 넓은 웅덩이는 아
이들이 들어가서 놀기에 안성맞춤이었다. 강가에서 안전 지대를 표시할
말뚝으로 쓸 나무도 구해 두었다. 그리고 모래밭에서 공부할 프로그램

도 미리 의논해 두었다. 강둑으로 오가면서 길가에 피어 있는 온갖 들꽃들과 들풀을 살피고, 들판에 자라는 농작물과 농부들이 일하는 모습도 살펴본다. 그리고 모래밭에 가서는 두꺼비집 만들기, 모래성 쌓기, 모래 우물 파기, 물길 만들기 따위를 하기로 했다.

강둑을 걸으면서 예쁘게 피어 있는 메꽃을 보고 나팔꽃이라고 하는 아이들, 애기똥풀이라는 말에 까르르 웃음을 터뜨리는 아이들, 아이들에게는 어느 것 하나 신기하지 않은 것이 없는 듯하다. 걷다가 들일을 하는 사람을 만나기라도 하면 그저 "안녕하세요?" 한다. 인사하는 것도 재미있나 보다.

모래밭에 들어서자 아이들은 고삐 풀린 망아지다. 우리 교사 셋은 줄을 치고 말뚝을 세워 안전 지대를 만드느라 바빴다. 그 시간을 못 참아 아이들은 신을 벗어 놓고 뛰고 닫고 야단들이다. 모래밭 가운데 있는 웅덩이에는 벌써 아이들이 우르르 몰려 있다. 망아지 108마리가 제멋대로 내닫는다.

안전 지대 표시를 끝내고 나니 웅덩이에서 뒹굴던 아이들의 입술이 벌써 파랗다. 감기 들면 어쩌나 싶어서 물에서 나오라고 했더니 싫단다. 그냥 두었다. 처음에는 옷 버릴까 봐 바짓가랑이를 걷고 조심조심하던 아이들도 언제 그랬느냐다.

물에서 놀기가 시들해지니 밖으로 나와서 모래성을 쌓기도 하고, 두꺼비집을 만들기도 하고, 댐을 만들기도 했다. 그야말로 가지각색이다. 교사들 셋이 참고 도서를 보면서 만들어 온 프로그램보다 아이들 스스로 노는 놀이가 더 여러 가지다. 끝에 가서 만들어 놓은 모래 작품을 돌아가며 감상을 하겠다고 계획한 것도 다 필요가 없다. 벌써 저희들끼리 우르르 몰려다니면서 서로 견주어 보기도 하고 자랑도 하고 잘잘못을 따져 보기도 하고 그랬다.

정말이지 눈 깜짝할 사이에 시간이 다 흘러갔다. 학교에 돌아갈 시간이 훨씬 넘어 버렸다. 원래 계획이 11시 30분까지이고, 아이들 집에 갈 시간도 걱정스러웠지만 차마 신나게 노는 것을 멈추게 할 수가 없었다.

"조금만 더 기다립시다. 아이들 옷도 덜 말랐고 하니."

12시가 넘어 거의 1시가 되어서야, 더 놀고 싶다는 아이들을 달래서 학교로 돌아왔다.

"재미있다. 그치?"

"그래, 또 왔으면 좋겠다."

"내가 만든 성은 튼튼하게 만들어서 비가 와도 무너지지 않을 거야."

흙투성이 옷에다 잔모래 가루가 여기저기 묻어 있는 아이들의 얼굴에는 다 못 논 아쉬움이 남아 있었다.

1996년 6월 29일 토요일.

연필 깎기 대회

제3회 연필 깎기 대회를 했다. 아이들이 이 연필 깎기 대회를 참 좋아한다. 아침부터 하자고 졸랐다. 첫째 시간을 마치고 쉬는 시간에 했다.

1, 2회 때보다 연필 깎는 솜씨가 아주 많이 늘었다. 그렇지만 아직도 연필을 말뚝이나 나무 팽이 다듬듯이 세워 놓고 빙빙 돌려 가며 깎는 아이들도 있다. 나도 새 연필 한 자루를 준비해서 아이들과 같이 깎았다.

언제나처럼 칠판에 커다랗게 썼다.

제3회 연필 깎기 대회
손재주 있다 상 :
연필 아깝다 상 :

5분쯤 시간을 주어 "시작!" 해서 다 같이 깎았다. 먼저 모둠에서 의논해서 잘 깎은 연필을 뽑아 놓으면 내가 다시 모아 그 가운데서 '손재주 있다 상'을 뽑았다. '손재주 있다 상'은 김민화, 나원엽, 강경훈이가 받았고, 연필을 자꾸만 부러뜨려서 몽당연필이 되게 한 '연필 아깝다 상'은 윤기영, 공의람, 박정민이가 받았다. 원엽이는 어제 집에서 연습을 많이 해서 '손재주 있다 상'을 받았다고 싱글벙글이다.

7월

1996년 7월 1일 월요일. 상쾌한 날씨다.

일기 쓰기 시작하는 날

오늘부터 일기 쓰기를 시작했다. 아이들이 그렇게 바라고 바라던 일기를 쓰는 날이다. 미리 준비해 둔 열 칸짜리 공책 앞에 '일기장' 이라고 쓰고 속표지에는 미리 준비해 둔 '재미나는 일기를 씁시다' 를 붙여 주었다.

〈재미나는 일기를 씁시다〉
1. 일기는 하루 동안 겪었던 일을 쓰는 글입니다.
2. 겪은 일을 조금도 꾸미지 말고 누구에게 이야기를 해 주듯이 쓰면 됩니다.
3. 일깃감은,
    ㉠누구에게 자랑하고 싶은 이야기를 골라 씁니다.
    ㉡꼭꼭 숨겨 두고 싶은 실수한 일, 잘못한 일을 찾아 씁니다.
    ㉢억울하거나 속상한 일이 있으면 그 이야기를 떠올려 씁니다.
4. 글자는 알고 있는 대로 쓰세요. 글자가 틀려도 괜찮습니다.
5. 일기는 혼자 힘으로 쓰도록 합시다.
6. 일기는 저녁 먹은 뒤에 쓰지 말고 집에 가자마자 곧 쓰도록 하세요.

넷째 시간 시작하자마자 일기장을 한 권씩 나누어 주고 이름을 쓰게 한 뒤에 첫 장을 넘겨 날짜부터 썼다. 칠판에 아이들 공책과 똑같이 열 칸을 그린 뒤에 가장 첫 줄에 날짜를 쓰고 날씨도 아이들과 의논을 해서 써 놓고 아이들이 따라 쓰도록 했다. 날씨는 내가 써 준 것과 다르게 써 도 된다고 말해 주었다.

19	96	년		7	월		1	일	
(월)		맑	고		더	웠	다	.	
		(	제	목		쓰	기	)	

여기까지 따라 쓰게 하고 집에 가서 제목과 본문을 쓰도록 했다.

난생 처음 써 보는 일기, 아이들이 어떻게 써 올까? 기대가 된다기보다 는 몹시 궁금하다. 빨리 내일이 되었으면. 성급하게 내일이 기다려진다.

1996년 7월 2일 화요일. 굉장히 덥다.

처음 쓴 일기

아이들 일기가 보고 싶어서 학교에 빨리 왔다.

아이들이 일기를 참 잘 썼다. 기대 이상이다. 잘 모르는 글자가 있으 면 일단 아는 대로 써 놓고 글자에 동그라미를 하라고 했더니 그렇게 한 아이도 있지만 대부분 어머니들이 글자를 가르쳐 준 것 같았다. 일기를 쓸 때 어머니의 도움을 받은 사람 수를 조사했더니 거의 반 가까이 되었 다. 아예 어머니가 일기를 다른 종이에 써 놓고 아이가 그걸 베껴 쓴 경 우도 있었다. 아이들에게 잘못 써도 괜찮으니까 혼자 힘으로 쓰라고 당부를 했다.

일기를 아주 잘 썼다고 입에 침이 마르도록 칭찬을 해 주었다. 몇몇 아이들 일기를 골라 읽어 주었다.

1996년 7월 1일 월요일. 맑고 더웠다.

나는 오늘 학교에서 마치고 집으로 갔다. 와 보니 내 동생이 있었다. 내가 심심해서 내 동생하고 같이 놀았다. 그런데 내가 애라한테 장난을 쳤다. 내가 애라 옷에 개미가 붙었는 얘기를 했다. 자기 옷을 건드려도 튀어나오지 않았다. 그러자 애라가 몰래 팬티를 벗고 오줌을 놓다. 내가 화가 났다. 그래서 조패불었다. 그래서 나를 때렸다. 재미가 없었다. ―이현아

1996년 7월 1일 월요일. 해가 났고 더웠다.

나는 2째 시간에 공부는 끗나고 노는 시간이 되서 창인이가 나를 불러 호호방에서 놀자 선생님이 안자라 캐서 그만 안자 책을 끄네가 안자서 공부할 준비를 채려 놋고 안자서 선생님 말 듣고 나는 땄찾다. 그래서 나는 웃었다. 나는 성욱이한테 웃고 안 웃었다가 그만 종진이가 성욱이한테 한 방을 똑 마잤다. 나는 오늘 개가 으르르릉해서 무서웠다. ―김보련

1996년 7월 1일 월요일. 맑고 조금 더웠다.

오늘 명환이하고 내하고 학교 운동장에서 자전거를 타고 놀았다. 나는 레미콘 번호가 영대구 14-5786이었다. 명환이는 영대구 14-5195였다. 그런데 명환이가 나한태 미테 가게까지 돌자고 했다. 그래서 할 수 업씨 갔다. ―장경철

아이들이 일기 쓰기를 굉장히 재미있어한다. 다행이다.

일기 쓰기 공부

오늘도 아이들 일기가 읽고 싶어서 학교에 서둘러 갔다. 장소와 때를 제법 잘 밝혀 쓴 아이도 있다.

일기 몇 편을 읽어 주고, '언제'는 집에서 있었던 이야기 같으면 '학교에 갔다 와서', '저녁을 먹기 전에'와 같이 밝혀 쓰면 되고, 학교에서 있었던 이야기는 몇째 시간에 있었던 이야기인가를 밝혀 쓰면 된다고 이야기를 해 주었다.

'장소'는 '학교에서'라고 쓰지 말고 '교실 뒤편에서', '복도에서'라고 쓰고, '집에서'라고 쓰지 말고 '마당에서', '안방에서'라고 쓰고, '골목에서'라고 쓰지 말고 '대구 슈퍼 뒷골목에서'처럼 자세히 밝혀 쓰자고 일러 주었다. 너무 성급한 게 아닌가 하는 생각도 들었지만 아이들이 모두 잘 알아들었다. 아이들이 일기 쓰기를 무척 재미있어하는 것 같아서 슬쩍 이렇게 물어 보았다.

"일기 한두 번 써 봤으니까 이제 일기 쓰기 하지 말까?"

아이들이 입을 모아 안 된단다. 일기를 써야 한단다.

일단 출발은 성공이다. 그렇지만 이런 재미가 이어지도록 해야 할 텐데. "선생님, 일기 쓰지 말아요. 재미없어요." 하는 말이 나오지 않도록 말이다. 걱정이다.

돈 슬쩍

정승이가 기현이에게 돈 10,000원을 얻었다면서 자랑을 했다. 이크, 문제가 생겼구나 싶었다. 정승이에게, 그렇게 큰 돈을 거저 얻었다면 돈이 어디서 났는지 알아봐야 하니까 그 돈을 달라고 했더니 세훈이도 10,000원을 얻었단다. 청소를 마치고 기현이에게 돈이 어디서 생긴 것인지 자세히 물어 보았다.

설 때 세뱃돈 얻은 것을 돼지 저금통에 넣어 두었는데 그걸 꺼내 왔다고 그랬다. 50,000원을 꺼냈단다. 저금통 안에는 104,000원이 들어 있는데 50,000원만 꺼내 왔단다.

그 돈 50,000원으로, 세훈이 10,000원, 정승이 10,000원, 장난감 5,000원, 6학년 형아에게 찰흙 1,200원어치 사 주고, 지금 남은 돈이 10,600원. 더해 보니 36,800원이다. 13,200원이 모자란다. 그렇지만 기현이 말을 믿고 세훈이와 정승이에게 주었던 돈 20,000원과 남은 돈 10,600원을 봉투에 넣고 자세한 내용을 편지에 써서, 뜯지 말고 어머니에게 갖다 드리라고 줬다. 편지에는, 성장 과정에서 일어난 일이니까 너무 놀라거나 실망을 해서 아이를 심하게 닦달하거나 아주 몹쓸 짓이라도 한 것처럼 야단스럽게 다루지는 말되, 반드시 짚고 넘어가야 한다고 써 두었다.

그리고 기현이에게도 어머니에게 편지를 써 두었으니 네가 잘못했다는 편지만 쓰면 어머니가 용서해 줄 것이라고, 잘못했다는 편지를 써서 함께 드리라고 부탁을 했다.

저녁을 먹고 기현이 어머니와 통화를 하면서 나는 깜짝 놀랐다. 낮에 기현이가 나에게 한 말이 몽땅 거짓말이었다. 그 돈은 저금통에 있던 것이 아니라 이웃집에서 슬쩍한 돈이었으며, 남겨 온 돈도 내가 써 준 금액과는 다르게 16,000원이었단다. 내가 30,600원을 보냈는데 집으로 가면서 봉투를 뜯어 그 돈 일부를 써 버린 것이다.

화가 났다. 그렇게 뜯지 말라고 신신 당부를 했는데 말이다. 그렇지만 한편으로는 웃음이 나왔다. 아이는 아이다 싶다. '남은 돈 얼마를 보냅니다.' 하는 내 편지는 그대로 전달하면서 돈은 슬쩍했으니 말이다.

내일은 기현이를 불러서 야단을 쳐야겠다.

1996년 7월 4일 목요일. 다시 장마가 시작되었다.

기현이와 약속했다

일찍 와서 아이들을 기다리고 있는데 기현이가 아무렇지도 않게 생글생글 웃으며 세 번째로 교실에 들어선다. 웃음이 나왔다.

"기현아, 어제 그 편지 뜯지 않고 어머니 갖다 드렸지?"

이렇게 물어 보니 조금 망설이다가,

"예."

하고 대답을 한다.

몇몇 아이의 일기를 읽고 나서 기현이를 데리고 예절실로 갔다.

"너, 나에게 속인 것 있나 없나? 정말 요만큼도 거짓말하지 말고 말해 봐."

어제 감쪽같이 속았기 때문에 오늘은 아주 무섭게 해야겠다 싶어서 처음부터 분위기를 잡았다.

"있어요."

"뭔지 자세히 말해 봐."

기현이가 버쩍 얼어붙은 자세로 술술 털어 놓았다. 나는 이야기를 마칠 때까지 조용히 들어 주었다. 숨기려는 기색이 있거나 머뭇거리면,

"어허, 그게 아니지."

사이사이에 이 말 한 마디를 넣었다.

이야기가 끝나자 나는 한 번 실수한 것보다 그것을 숨기려고 그 뒤에 줄줄이 거짓말을 한 것이 더 나쁘다는 이야기를 하고 나서 "어쩔래?" 하고 물었더니 다시는 안 그러겠단다. 그러면서 새끼손가락을 쏙 내민다. 손가락을 걸어 약속을 하겠다는 뜻이다. 손가락을 걸고 손도장도 찍었다. 귀여워서 안아 주고 싶었지만 꾹 참았다. 엄숙한 표정을 좀더 가지고 있을 필요가 있어서다.

9월

1996년 9월 2일 월요일. 쾌청한 가을 날씨다.

오랜만에 만난 아이들

7시에 집을 나섰다. 개학 준비로 며칠 이어서 학교에 나갔기 때문에 개학하는 날이라는 생각이 덜 든다. 그렇지만 우리 아이들을 오랜만에 만날 생각을 하니 잔잔하게 흥분이 된다.

학교에 들어서니 7시 35분. 전유리나가 먼저 와 있다가 내 가방을 받아 주었다. 교실 문 밖으로 나와서 아이들을 기다렸다. 아이들이 속속 들어오기 시작했다. 오랜만에 만난다고 나만 괜히 어색하게 생각한 것 같다. 아이들은 마치 어제도 그제도 학교에 온 아이들처럼 그렇게 덤덤하게 들어오는 듯하다. 40여 일 동안 낯설 만큼 커 버린 놈들이 있을 줄 알았는데 방학하던 날 그대로다. 개학 때마다 이런다. 마음들은 쑥쑥 많이 자랐겠지? 1학년은 여름 방학을 지내고 나면 정말이지 눈에 보이게 달라진다.

학교 전체가 너무 어수선하다. 공사 때문에 그렇다. 1반은 며칠 전에 교실 마룻바닥에 칠한 니스가 마르지 않아서 아예 아이들을 교실로 들여보내지도 못하고 등나무 교실에서 아이들을 맞았다.

키대로 자리를 다시 정하고 뒤섞인 책걸상을 정리하고 간단한 과제를 확인했다. 버릇 고치기 과제를 성공했다는 아이가 반 가까이 되었다. 대단한 성공이다. 애를 썼는데도 고치지 못한 아이도 많았다. 자기의 좋지 못한 버릇을 고치려고 애를 써 본 것만도 과제 성공이다. 잘못된 버릇은 이렇게 고치기 힘들구나! 그것을 스스로 깨닫기만 해도 된다. 하나하나 자세히 살펴본 것이 아니라 번호대로 이야기를 나누었다. 과제 자랑 대회를 하면서 찬찬히 살펴보고 칭찬도 해 줘야지. 캠프나 여행을 얼마나 많이 했는지 내일은 자세히 알아봐야겠다. 환경 캠프, 병영 캠프, 종교 캠프……. 방학 때는 이런 캠프에 참가하는 것도 훌륭한 체험 학습이다. 방학은 체험하며 공부하라고 있는 것이다.

대구 서평 초등 학교에서 정규석이가 전학을 왔고, 도영환이가 전학을 갔다. 김란혜가 내일 칠곡 초등 학교로 전학을 간단다.

1996년 9월 3일 화요일. 꽤나 덥다.

밥 빨리 먹기 숙제 잘 했어요

란혜가 전학을 가고 김진아가 전학을 왔다.

민화가 어제부터 밥 천천히 먹는 버릇 고치기를 성공했다고 자랑자랑을 하더니 정말 오늘 점심 시간에 보니 밥을 빨리 먹는다. 민화는 1학기 때 밥을 너무 세월 없이 먹어서 늘 야단을 맞았다. 밥을 꼭꼭 씹어먹느라고 늦게 먹는 것이 아니다. 그냥 한 숟갈 떠 먹고 딴 짓 하고 한 숟갈 떠 먹고 이 간섭 저 간섭 다 하느라 늦었던 민화다. 오늘 보니 열심히 뚝딱 먹고는 식판을 들고 일어선다. 우리 반에서 2등이다.

밥을 열심히 먹는 민화를 보고 혹시나 남에게 보여 주려고 빨리 먹나 싶어서,

"민화야, 너무 빨리 먹으면 체한다."

했더니,

"괜찮아요. 방학 때 연습 많이 했어요."

씩 웃으며 이렇게 대답을 한다. 그러고 보니 급히 정신 없이 퍼 먹는 게 아니라 그냥 열심히 먹는다. 확실히 버릇을 고쳤다. 성공이다.

학교에서 방학 과제상을 받을 사람을 추천하라면 민화를 추천해야지. 그리고 교실에서도 '밥을 열심히 잘 먹는 상'을 줘야지.

"민화야 자슥아, 방학 과제 참 잘 했다."

칭찬을 해 주니,

"내가 왜 자슥이래요? 지지바지요."

이러면서 생글생글 웃는다.

"맞다. 참 지지바지."

내가 가끔 지지바라고 하면 그게 그냥 좋아서 헤헤거리던 민화다.

1996년 9월 5일 목요일.
애들아, 전쟁이 났단다

출근하면서 라디오로 7시 뉴스를 들었다. 미국이 이라크의 공군 기지에 3차 공격을 했단다. 명분이 유민 안전 지대의 상공을 미국 비행기가 안전하게 날기 위해서란다. 그러니까 혹시 이라크의 공군 기지에서 대공 사격을 할지 몰라서 미리 박살을 냈다는 말이다. 공격 명분치고는 참으로 고약스럽다. 하기야 전쟁이라는 게 원래 그런 것 아닌가. '안녕하세요? 봉두완입니다' 프로그램에서 봉두완 씨 대신 진행하는 사람이 어떤 교수와 이야기를 나눈 끝에,

"아무튼 석유값이 오르지 않았으면 좋겠습니다."

이렇게 맺었다. 그 전쟁에 대한 우리의 걱정이 아무튼 석유값 오르지 않으면 된다는 말인가 싶었다. 하기야 그게 우리로서는 가장 걱정되는

일인지도 모르겠다. 그렇지만 수많은 사람이 죽어 가는 전쟁에도 냉혹하기만 한 국제 사회의 모습을 보는 것 같았다.

교실에 들어와서 아이들에게,

"애들아, 지구 저쪽 나라에서는 지금 전쟁이 일어났단다. 많은 사람이 한꺼번에 다치고 죽는 무서운 전쟁이 말이다."

"알아요. 미사일을 쐈어요."

텔레비전을 봤으니 우리 아이들도 알겠지. 어느 나라가 어느 나라에게 왜 미사일을 쐈는지는 알 수가 없겠지만 말이다. 하기야 그런 건 알 필요도 없지.

"전쟁은 정말 무서운 것이란다. 사람이 사람을 마구 죽이는 게 전쟁이거든. 전쟁을 일으키는 사람은 정말 나쁜 사람이겠지?"

아이들에게 이 이상 어떤 이야기를 해 주겠는가.

셋째 시간 마칠 때는 수건으로 눈을 가리고 동무들의 손을 만져서 누구 손인가 알아 내는 놀이를 했다. 먼저 모둠에서 네 명이 서로 손을 만져 보는 연습을 많이 한 뒤에 이 놀이를 했다.

이 놀이는 모둠 식구끼리 더 사이좋게 지내게 하기 위한 것이기도 하지만, 또 이 놀이를 한 이야기를 일기로 다 같이 써 보는 공부를 하기 위해서 한 것이다. 오늘 일깃감은 손 만져 보기 놀이다. 물론 다른 쓸거리가 있으면 그걸로 써도 된다는 말을 일러 주었다.

1996년 9월 6일 금요일. 비가 내리다 말다 했다.

개도 생각이 있나요?

내 자리에 앉아서 아이들 일기를 읽고 있는데 희영이가 오더니,

"선생님! 선생님!"

내 팔을 툭툭 치면서 급하게 불렀다.

"이 자슥아, 숨 안 넘어간다. 그런데 왜?"

"아니래요."

뭔가 이야기를 하겠다고 불러 놓고는 아니란다. 내가 숨 안 넘어간다고 한 말에 삐치기라도 했나?

"아니긴 뭐가 아니야. 얼른 말해 봐."

"근데요, 있잖아요, 개도 생각이 있나요? 진돗개 같은 개 말이에요."

"개가? 그럼, 개도 생각이 있겠지. 근데 왜?"

자식이 시원스럽게 이야기를 하지 않고 자꾸 아리송하게 얘기했다.

"그전에 일인데요. 개가 우리 이모 신발을 물고 갔어요. 신기하지요?"

"누구 개인데?"

"우리 이모 개인데 이모 신발은 두 짝 다 물고 가고, 이모 딸 신발은 한 짝만 물고 갔어요. 우리 신발은 하나도 안 물고 갔어요."

언젠가 희영이 일기에서 읽은 이야기다. 희영이에게는 그 일이 참으로 신기했나 보다. 그것을 잊지 않고 지금 끌어 내 이야기하는 것을 보니.

"지난 이야기를 왜 지금 와서 하노?"

"학교에 오면서 3학년 언니들이 말하는데 개가 사람보다 더 생각을 잘 한대요. 나도 개가 생각을 잘 한다고 그랬어요."

희영이와 이야기를 하는데 현아도 곁에 와서 끼어들었다. 은애도 끼어들고 진호도 끼어들었다. 오늘 아침에는 개 이야기로 아침을 열었다.

10월

선생님, 결혼했어요?

아이들이 일기를 참 잘 쓴다.

지난 토요일에 재미있는 숙제로 '가을 찾기'를 냈는데 아이들이 가을 찾은 이야기를 일기에 잘 썼다.

감잎이 여름에는 파랬는데 빨갛게 바뀌어서 가을을 알았다는 민화, 추수가 끝난 허허벌판을 보고 가을을 알았다는 희영이, 시장에서 사과 파는 것을 보고 가을을 찾았다는 보련이, 선풍기를 보자기에 싸서 치우는 것을 보고 가을을 찾았다는 아이도 있었다.

아이들이 내 책상 둘레로 왔다 갔다 하다가 결혼했느냐고 물었다. 아직 결혼 안 했다고 했더니 성진아는 "마흔일곱 살이나 되는데 안 했을까?" 하고 내 말을 믿지 않는다. 자식이 내 나이를 어떻게 알고 있을까? 언젠가 내가 말을 해 줬겠지. 정승이는,

"선생님 아들이 군대에 갔는데 결혼을 안 했어요? 그거는 뽕이에요."

한다.

"아니야, 뽕이 아니야."

이랬더니, 현아가,

"선생님은요, 총각이 아니라 할아버지예요."

한다.

"내가 왜 할아버지니?"

내가 이렇게 물었더니,

"흰 머리카락이 있잖아요."

이러면서 내 머리에서 흰 머리카락을 찾는다.

"맞아, 맞아. 내가 흰 머리카락 뽑을게요."

진아가 내 등 뒤에 붙어 흰 머리카락을 찾았다. 둘레에 있던 아이들이 너도나도 내 머리에 달라붙었다.

"선생님, 한 개에 얼마 줄래요? 한 개에 천 원이래요."

이러면서 마구 내 머리카락을 제멋대로 흩뜨려 놓는다.

"야, 임마, 도로 붙여 놔. 만약 안 붙이면 한 개에 천 원이야."

이러면서 일어서 버렸다. 그냥 있다가는 내 머리카락이 거덜날 것만 같았다.

1996년 10월 31일 목요일. 하루 종일 찌뿌듯하다.

뒷산은 우리 산

학교에 닿으니 7시 35분. 자리에 앉아서 아이들을 기다렸다. 진아가 거의 1등을 하는데 오늘은 제완이가 가장 먼저 교실에 들어선다. 웬일인가 싶었더니 자리에 앉자마자 수학 익힘책을 꺼내 놓고 숙제를 했다. 수학 익힘책을 어제 잊어버리고 가져가지 않았나 보다. 자슥, 어지간히 걱정을 했겠다.

근구, 진아, 민정이……. 늘 일찍 오는 차례가 크게 틀리지 않게 속속 교실에 들어섰다.

아이들의 일기를 보니 거의가 어제 즐거운 생활 시간에 했던 해바라기 놀이(우리가 붙인 놀이 이름) 이야기다. 일기를 보니 놀이가 참 재미있었던 모양인데 일기는 재미있게 쓰지 못했다. 아이들이 놀이 한 것을 글로 쓰면 대부분 그렇다. 놀이가 재미가 있었다고 해서 일기도 재미있게 쓰는 게 아니다. 사실 놀이를 한 뒤에는 별로 쓸 게 없다. 아무리 자세히 써도 그렇다.

8시 조금 넘어서 아이들이 반쯤 왔다.

"얘들아, 뒷산 갈래? 얼마 전에 본 모습과 얼마나 달라졌나 가 보자."

"예, 선생님, 가요."

우리 아이들은 뒷산 가자면 좋아서 야단이다. 아침 시간, 쉬는 시간, 슬기로운 생활 시간, 짬만 나면 가는 곳이 바로 뒷산이다. 5분만 가면 바로 뒷산이다.

'우리 뒷산 간다. 천천히 따라오너라.'

칠판에 크게 써 놓고 먼저 온 아이들과 교실을 나섰다. 아이들은 저마다 돋보기를 찾아 들고 앞다투어 나섰다. 우리 아이들은 뒷산으로 갈 때마다 어김없이 돋보기를 챙긴다.

가을걷이가 거의 끝났다. 그냥 서 있는 벼는 없다. 타작을 해서 빈 짚단이 쌓여 있는 곳도 있고 벼를 베면서 타작이 되어 볏짚이 바닥에 깔려 있는 논도 있었다. 강아지풀은 많이 말랐는데, 아직 덜 말라서 콧수염을 만들 수 있는 것도 있었다.

타작이 끝난 빈 논으로 갔다. 늦게 온 아이들이 하나 둘 모여 숫자가 자꾸만 불어났다. 아이들이 빈 짚단더미에 올라가서 신나게 뒹굴고 야단이다. 혹시나 볏짚을 쓰려고 쌓아 두었는가 싶어서 못 올라가게 해 놓고 논바닥에 '해바라기 놀이' 그림을 그리다가 보니 바닥에 벼 이삭이 많이 떨어져 있다. 아주 많이 떨어져 있었다.

"얘들아, 우리 이 벼 이삭 줍자. 누가 많이 줍나 내기할까?"

이러면서 열심히 주웠다. 일어서서 여기저기 다니면서 주울 것 없이 앉은 자리에서 금방 한 줌을 주울 수가 있었다. 정말이지 너무 많이 버려져 있었다. 겨우 5분쯤 주웠을까? 아이들 모두가 한 줌씩 주웠다. 어릴 때 벼 이삭 줍기를 하면서 어쩌다가 벼 이삭을 찾으면 횡재를 만나기라도 한 듯했던 때와 견주어졌다.

교실에 와서 어느 모둠이 가장 많이 주웠는지 대보기도 했고, 자기가 주운 이삭 가운데서 가장 큰 것을 골라 세어 보고 가장 낟알이 많은 것을 찾기도 했다. 배주현이 주운 이삭이 낟알 147개로 가장 많았다. 한 알을 입으로 까서 현미를 만들어 돋보기로 살펴보기로 했다. 쌀눈도 살펴보고 그 쌀을 씹어 먹어 보기도 했다. 나중에는 모둠별로 주워 온 이삭을 훑어 모았다. 다 모으니 두 되는 될 듯했다.

"우리 아침마다 뒷논에 가서 벼 이삭 주워 모으자. 그래서 나중에 떡 해 먹자. 버려진 벼도 줍고 떡도 해 먹고 좋지 않겠니?"

그러겠단다.

*11*월

1996년 11월 1일 금요일. 구름이 많이 끼었다.

많은 사람이 적은 사람에게 나누어 줘야지요

수학 시간에 9+3 덧셈 공부를 했다. 받아올림이 있는 한 자리 수 덧셈이다. 칠판에 진짜 사과처럼 생긴 모형 사과를 왼쪽에는 9개를 붙이고 오른쪽에는 3개를 붙였다.

"어느 쪽 사과를 옮겨서 열 개를 만들면 좋을까요?"

오른쪽 것 3개 가운데서 1개를 왼쪽으로 옮기면 10개가 된단다. 정말 똑똑한 아이들이다. 그렇게 해서 왼쪽은 10개가 되고 오른쪽은 2개가 남으니까 모두 12개가 된단다.

이번에는 직접 해 보자 싶어서 가장 앞에 앉아 있는 김진아를 일어서라고 했다. 그리고 모형 사과 7개를 주었다. 그리고 나는 사과 4개를 가지고 있었다.

"자, 진아는 사과 7개를 가지고 있고 나는 사과 4개를 가지고 있습니다. 누가 누구에게 사과를 주면 10개를 만들기 쉬울까요?"

했더니, 아이들 모두가 입을 모아 내가 진아에게 3개를 주는 것이 좋겠단다. 그래서 진아에게 3개를 주니 1개가 남았다. 진아가 가지고 있는 사과와 내가 가지고 있는 사과 1개를 치켜들면서,

"그래서 사과는 모두 몇 개?"

했더니, 모두가 11개라고 잘 말한다.

그런데 잠시 뒤에 성욱이가 일어서더니,

"선생님, 많은 사람이 적은 사람에게 나누어 줘야지 왜 많은 사람이 적은 사람 사과를 빼앗아 가나요?"

이런다. 나는 그 말이 우스워서 큰 소리로 웃었다. 아이들은 무슨 영문인지 몰라서 멍하니 있다가 내가 성욱이 말을 다시 설명해 주니 그제야 하하 웃는다. 귀여운 놈이다. 성욱이가 수학 문제 풀이와 진짜 사과를 나누어 갖는 것을 분간을 못 해서 그렇게 묻는 게 아니다. 다 알면서도 장난을 친 것이다. 그러니 더욱 귀여운 놈이다.

"맞다, 성욱이 말이 맞다. 진아가 욕심쟁이 나쁜 놈이다. 이 욕심쟁이야, 선생님 좀 나누어 줘."

내가 이러면서 진아가 가지고 있는 모형 사과를 빼앗으니 아이들이 또 와와 웃는다. 성욱이의 번득이는 재치가 너무 귀여워서 자꾸 웃으면서 수업을 했다. 내가 웃으니까 아이들도 계속 따라 웃었다.

1996년 11월 5일 화요일. 하루 종일 해가 뜨지 않고 꾸무리하다.

바쁘다 바빠

7시 35분쯤에 교실에 들어와서 화분, 음지 식물에 물을 주고 책상 앞에 앉으니 민정이가 가정 먼저 들어와서 생글생글 웃으며 내 책상 위에 일기장을 얹어 놓는다. 민정이의 웃는 얼굴은 언제 봐도 즐겁다. 민정이 일기가 참 재미있다. 학교 놀이 한 이야기를 아주 자세히 잘 썼다. 이어서·진아가 일기장을 냈다. 진아도 잘 썼다. 조금 있으니까 아이들이 몰려왔다. 일기장도 내고, 숙제도 내고, 유행성 출혈열 백신 주사에 대한 찬반 가정 통신문도 갖다 놓고, 예방 주사값도 내놓았다. 작은 책상 위가 갑자기 복잡해졌다. 책상만 복잡한 게 아니라 정신도 혼란스럽디. 주 사값을 가지고 온 아이, 찬반 가정 통신문만 가지고 온 아이, 기본접종 금 7,400원을 가지고 온 아이, 추가접종금 3,700원을 가지고 온 아이, 봉투에 넣어 가지고 온 아이, 그냥 돈만 불쑥 내미는 아이, 만 원짜리 한 장을 가지고 와서 바꾸어 달라는 아이. 돈을 일일이 챙겨 정리하려면 한 시간 가지고는 어림도 없다. 그래서 우리 아이들 일기를 다 살펴보지 못 했다.

1996년 11월 6일 수요일. 하루 종일 해가 뜨지 않고 꾸무리하다.
소화시켜 준대요

아침부터 선도 교사가 여러 번 방송을 했다.

내가 어디 잠깐 갔다 온 사이에 방송이 나온 모양이다. 교실에 들어서 니 유리나가 쪼르르 달려와서는,

"선생님, 선생님이 안 계실 때에 방송이 나왔어요."

"그래? 뭐라고 하던?"

내가 이렇게 물었더니 희영이가 끼어들었다. 남자들이 떠들어서 잘 못 들었다면서 아마도 양호실에 의사 선생님이 오신 것 같단다. 왜 그렇 게 생각하느냐고 했더니 남자들이 떠들어서 잘 못 들었는데 소화시켜 준 다면서 지금 보내라고 하더란다. 자식들이 자꾸만 남자 아이들 핑계를 댄다. 아이들 이야기를 들어서는 도무지 무슨 말인지 모르겠다. 지금 당 장 보내라고 한다니 무슨 일인지 알아봐야겠다 싶어 교무실에 가서 물어 보았더니, 글쎄 그게 이렇다.

"소각시킬 게 있으면 지금 보내 주세요."

소각장에서 잡쓰레기를 모아 태울 테니까 보내 달라는 방송이었다.

교실에 들어서자마자 칠판에 이렇게 써 놓았다.

'교실에 소각시킬 것 있으면 지금 보내 주세요.'

이렇게 써 놓았더니 소각이 무엇이냐고 누가 물었다. 그 말에 정승이가 그것도 모르느냐고 핀잔을 주면서 태우는 것이라고 설명을 해 주었다. 그래서 내가 다시 고쳐서 썼다.

'교실에 태울 것 있으면 지금 보내 주세요.'

그제야 아이들이 "아아." 하면서 고개를 끄덕였다.

태운다고 하면 뭐가 어때서 소각이라고 하나? 그래서 아이들이 소화시켜 주는 것으로 듣게 하나? 이것은 웃을 일이 아니라 비극이다.

1996년 11월 7일 목요일. 찌뿌듯하다.
도깨비바늘은 왜 달라붙을까?

아침에 전교생이 낙엽 줍기를 했다. 낙엽을 주워 모아서 부엽토를 만들기 위해서다. 날씨가 쌀쌀해서 아이들이 주머니에 손을 쏙 넣고 도대체 주우려고 하지 않는다. 선생님들도 주머니에 손을 집어 넣고 주우라고 소리만 지른다.

나는 우리 아이들과 많이 줍기 시합을 했다. 금방 아이들이 한 아름씩 주웠다. 나도 열심히 주웠다. 낙엽은 이슬에 젖어 축축했다.

낙엽 줍기를 끝내고 첫째 시간 시작 전에 우리는 뒷논으로 갔다. 벼이삭을 주우려고 했는데 며칠 전에 내린 비 때문에 논이 너무 질어서 들어가지 못했다. 조금만 주워서 교실로 왔다. 도깨비바늘만 옷에 잔뜩 달라붙었다. 공부 시작 전에.

"도깨비바늘이나 도꼬마리 같은 씨앗은 왜 침이 있을까?"

하고 물었더니 종위가,

"사람 몸에 붙어 있다가 사람이 귀찮아서 띠내 버리면 거기에서 싹이
나올라고 침이 있습니다."

했다. 원엽이가 보충을 하겠다면서 둘째 손가락을 펴 들었다. 종위가 원
엽이를 시키고 앉았다.

"개나 지나가는 동물 몸에 붙었다가 동물이 다른 데 가서 자빠지면 그
때 떨어져서 싹이 틉니다."

이 얼마나 정확한 답인가? 내친김에 민들레 씨앗은 왜 낙하산처럼 되
어 있는지, 단풍나무 씨앗에는 왜 날개가 있는지를 공부하고 첫째 시간
공부를 시작했다. 조금 늦게 첫째 시간이 시작되었다.

1996년 11월 11일 월요일. 많이 쌀쌀해졌다.

부모님 일터 찾아가기 체험 학습

지난 방학 때 아버지 일터 찾아가서 일하는 모습 살펴보고 거들어 드
리기 숙제를 냈는데 만족스럽게 하지 못한 것 같아서 지난 토요일에 재
미있는 숙제로 내주었다. 아버지가 일요일에 일터에 가지 않아서 숙제
를 할 수 없다는 아이들을 뺀 14명 가운데 11명이 숙제를 하고 그 숙제
한 이야기를 일기로 써 왔다. 그 일기 가운데서 지선이 일기가 눈에 띄
었다.

지선이는 ○○ 회사의 물건 나르는 일을 하시는 아버지를 따라 서울까
지 갔던 이야기를 썼다. 아버지가 물건 싣는 모습을 놓치지 않으려고 오
줌이 마려워도 참았다는 대목이 있어서 아주 잘 했다고 칭찬을 해 주었
다.

우리는 이 공부를 '체험해 보기'라고 이름을 붙였다. '체험'이라는 말
이 소금 어렵긴 하지만 텔레비전 프로그램에 '체험 삶의 현장'이라는 것

이 있어서 아이들에게도 낯선 말이 아니다. 부모님들도 그 프로그램을 떠올려 이 공부를 쉽게 이해할 수 있도록 '체험'이라는 말을 '겪어 보기'와 같은 말로 바꾸지 않고 그대로 쓰기로 했다.

일요일이 아닌 평일이어야만 이 공부가 가능한 아이들은 부모님과 의논을 해서 평일에 날을 잡아 학교에 나오지 말고 그 공부를 하도록 했다. 오늘은 민화가 체험해 보기 공부를 하는 날이다. 첫 시간 시작하면서 텅 빈 민화 자리를 보고,

"오늘 민화는 참 좋은 공부를 하겠지? 벌써 아버지 차를 타고 신나게 달리고 있을 거야."

이러면서 아이들에게 민화가 체험해 보기 공부를 하러 간 것을 일부러 떠올려 주었다. 공부하다가도 자꾸만 민화 이야기를 했다.

"지금쯤 민화는 저거 아버지하고 점심 먹을까?"

아이들에게 자기들도 체험해 보기 공부를 하러 갔으면 하는 마음이 우러나오도록 하자는 속셈에서다.

내일은 민정이와 병준이가 학교에 나오지 않고 체험해 보기 공부를 하러 가기로 되어 있다.

우리 반에서 이런 공부를 하고 있다는 것을 다른 선생님들은 아무도 모른다. 널리 알려서 함께 했으면 싶지만 그러다가 괜히 우리 반에서도 못 하게 되지나 않을까 하는 걱정에서다. 아이들을 결석시키면서 하는 공부, 우리 학교의 어느 선생님도 이해할 것 같지 않아서다. 학부모 가운데 충분히 이해를 하고 적극 받아들이는 사람도 있지만 아이를 어떻게 결석을 시키나 하면서 망설이는 사람들도 더러 있다.

분명히 봤어요

유리나가 보이지 않는다. 어쩐 일이냐고 아이들에게 물었더니 아침에 왔는데 어디 갔는지 모른단다. 자리에는 가방이 없다. 짝인 기환이는 학교에 온 것을 보지 못했단다. 유리나를 봤다는 아이도 있고 유리나가 학교에 오지 않았다는 아이도 있었다. 걱정이 되어서 집으로 전화를 했더니 계속 통화 중이다. 110 전화를 해서 고장 신고를 했는데도 계속 통화 중 신호다. 집에 무슨 일이 있는 게 틀림없다.

퇴근을 하자마자 유리나 집에서 전화가 왔다. 유리나 어머니다. 유리나 동생이 아파서 아침 일찍 병원에 입원시키러 유리나 어머니가 나가고, 유리나 아버지가 출근길에 그만 유리나 가방이 있는 방을 잠그고 가버려서, 유리나 혼자 그 방문을 열려고 끙끙대다가 끝내 학교에 오지 못했다는 이야기다.

자식, 그렇다고 하루 종일 방문에 매달려 있어? 책은 몽땅 학교 사물함에 있으면서. 그건 그렇고 도대체 아침에 유리나를 봤다는 아이는 뭐야?

12월

1996년 12월 2일 월요일. 아침에는 굉장히 추웠으나 낮에는 따뜻했다.

손톱 깎아 주기

12월이다. 이제 아이들과 겨울 방학 과제 준비를 해야겠다. 학교에 일찍 와서 난로를 피워 놓고 아이들을 기다렸다. 오는 놈마다,

"이리 와!"

했더니, 무슨 일인가 싶어서 눈을 둥그렇게 하고 가까이 온다. 아이들 하나하나 손을 꼭 만져 주었다. 손이 차가웠다. 선영이는 추워서 죽을 뻔했다고 엄살이다. 엄살이 아닌 게, 볼때기가 빨갛다. 희영이는 장갑 벗은 손이 땀에 젖어 축축했다. 손톱이 조금 길어 보여서 손톱깎이를 들이댔다. 생글생글 웃기만 한다.

'톡톡.'

손톱을 쓸어 모아 희영이 손에 살며시 쥐어 주면서 선물이라고 했더니,

"선물 고맙습니다."

하면서 너스레를 떨었다.

넷째 시간에는 교실에서 일기 쓰기를 했다. 12시부터 쓰기 시작했는데 30분 지날 때까지 다 못 쓴 아이가 많았다. 뭐 그리 쓸 것이 많은지 정신 없이 쓰는 아이가 많다. 손목이 아파서 손목을 헐레헐레 흔드는 아

이도 있고, 팔이 아파서 오른팔을 빙빙 돌려 운동을 하며 일기를 쓰는 아이도 있었다. 일기를 걷어서 읽어 보니 집에서 쓰는 것 못지않게 잘 썼다. 다음에 교실에서 일기를 쓸 때는 셋째 시간부터 시작해야겠다. 시간을 충분히 줄 필요가 있겠다.

'우리교육'에서 전화가 왔다. 1월 13일 연수회에서 강의를 해 줄 수 있는가 하는 확인 전화다. 그런데 문제다. 그 때가 영어 연수를 받고 있을 때이다. '우리교육'에서는 이미 광고를 다 해 놓았다며 큰일이라고 걱정을 했다. 굉장히 미안하게 되었다.

1996년 12월 4일 수요일. 하루 종일 진눈깨비가 오다 말다 했다.

청소 재미있어요

아이들이 청소를 하고 싶어한다. 청소가 재미있단다. 청소가 재미있는 게 아니라 청소 끝난 뒤에 하는 '신나는 교실 퀴즈'가 재미있는 것이겠지. 그 퀴즈라는 게 이렇다.

청소가 끝나면 모두들 자기 자리에 가서 책가방을 메고 선다. 이 때 교실에 내가 없으면 아이들이 나를 찾아 나선다. 아이들이 다 서면 내가.

"오늘은 제주도 여행권을 받을 수 있는 신나는 교실 퀴즈 시간이 돌아 왔습니다!"

큰 소리로 이렇게 외치면 아이들이 "야!" 하면서 소리를 지른다.

그 뒤에 퀴즈 문제가 나가는데 주로 덧셈과 뺄셈이다. 가끔씩 슬기로운 생활이나 국어와 같은 과목, 또는 그냥 재미있는 문제도 나가지만 거의 수학 문제다.

"8+3은?"

아이들이 귀신같이 알아맞힌다. 알아맞히면 '띵동댕'이고 틀리면

'땡'이다. 정답을 맞힌 아이는 상품으로 여행권을 받으러 나오는데 내 오른 손바닥과 아이의 오른 손바닥을 힘껏 '탁.' 하고 맞부딪치는 게 바로 여행권을 받는 것이다. 싱거운 놈들은 자기 집 식구들 모두 같이 가야 한다면서 식구 수만큼 손바닥을 치고 가기도 한다. 얼마나 힘껏 치는지 손바닥이 얼얼할 때도 있다.

아이들이 참으로 잘 알아맞힌다. 신기한 것은 공부를 잘 못 하는 축에 드는 아이들이 암산을 더 잘 하는 것이다. 박지민, 정기석, 전주호, 한동수, 조우영 이런 아이들이 귀신 같다. 참으로 신기한 일이다.

1996년 12월 6일 금요일. 굉장히 춥다.
선생님은 왜 오른쪽으로 가요?

어제 숙제로 실뜨기 놀이를 냈더니 아침부터 교실이 온통 실뜨기 놀이로 야단법석이다. 짝과 실뜨기를 하기도 하고 복도에서 하는 놈도 있고 가방도 내려놓지 않고 서서 뜨기도 한다.

나도 아이들과 어울려 실뜨기를 했다. 젓가락, 거미줄, 가마……. 그런데 빠꼼이를 만들면 상대방이 더 이상 뜰 수 없어서 이기게 된다.

둘째 시간에는 실뜨기 대회를 했다. 먼저 짝끼리 하고 거기에서 이긴 아이들끼리 모둠 안에서 해서 모둠 대표를 뽑았다. 모둠 대표끼리 마지막으로 대결을 벌였다. 창인이와 기환이가 끝까지 남았다. 두 사람이 결승 대결을 벌였으나 끝없이 이어졌다. 빠꼼이가 나오지 않는다. 그래서 두 아이 모두 '실뜨기 으뜸상'을 주기로 했다. 내일 상장을 주기로 했다.

쉬는 시간에 화장실에 가다가, 화장실에서 돌아오는 기영이를 만났다. 기영이도 왼쪽으로 가고 나도 왼쪽으로 가니 서로 마주치지 않고 비껴 가게 되었다. 그런데 기영이가,

"선생님, 왜 오른쪽으로 가요?"

한다. 자기하고 반대쪽으로 가고 있으니까 순간 내가 오른쪽으로 간다고 생각한 모양이다. 그래서 그 자리에 우뚝 섰다.

"기영아, 왼손 들어 봐."

한참 있다가 왼손을 맞게 든다.

"뒤로 돌아서서 이리 와 봐. 손 내리지 말고 왼쪽으로 말이야."

내가 저 앞으로 뛰어가서 이렇게 말했더니 한참 머뭇머뭇하더니 내가 가던 길로 온다.

"이제 알았어? 나는 지금 화장실에 가는 길이거든."

"헤헤, 참 맞네."

웃으면서 교실로 들어간다. 왼손을 들었다 내렸다 하면서.

1996년 12월 9일 월요일. 날씨는 제법 풀렸는데 하루 종일 새촘하다.

콩 볶아 먹기

지난 토요일에 재미있는 숙제로 콩 볶아 먹기를 내주었는데 오늘 아침에 보니 제법 많은 아이들이 콩 볶은 것을 비닐 봉지에 담아 와서 먹는다. 검은콩도 있고 흰콩도 있다. 아이들에게 콩을 빼앗아 꼭꼭 씹어 먹으니 옛날 맛이 되살아났다. 그런데 이 콩들이 모두 수입 콩이지 싶다. 콩 자급률이 겨우 5퍼센트라고 하니 말이다. 수입 콩이면 분명 방부제가 많이 묻어 있을 터이다. 그래서 많이 씻어서 볶아 먹으라고 알림장에 알렸는데 그렇게 했겠지? 제완이는 강낭콩도 튀겨 왔다. 아이들이 그것을 팝콘이라며 먹길래 강낭튀밥이라고 고쳐 주었다.

오후에 청소할 때 보니까 교실 바닥과 마루 틈새에 온통 쪼개진 콩 조각들이다. 먹는 음식을 이렇게 하면 안 된다고 내일 단단히 일러 주어야지.

1996년 12월 10일 화요일. 날씨가 많이 풀해졌다.

서리 살펴보기

아이들 방학 과제를 정하려고 한 열흘 동안 씨름을 해서 드디어 완성
이 되었다. 컴퓨터에 입력한 것을 뽑아 각자 자기 과제를 마지막으로 살
펴보았다.

첫 시간을 마치고 늘 가던 뒷산으로 서리를 보러 갔다. 아이들이 좋아
서 야단이다. 자주 가는 곳이지만 아이들은 언제나 갈 때마다 신이 난
다. 서리도 살펴보고 서릿발도 바삭바삭 밟아 보았다. 아이들과 20분쯤
겨울 들판을 살펴보고는 교실로 와서 일기 쓰기를 했다. 오늘은 다시 겪
어 보기를 집중해서 공부하려고, 일기 쓰기 전에 눈을 감고 다시 마음으
로 들판에 가 보는 연습을 했다.

"자, 우리 신나는 교실 식구들이 등나무 교실 옆에 모였습니다. 종진
이가 혼자 앞서 뛰어가다가 선생님에게 야단을 맞았군요. 뒷문으로
나갑니다. 사육장에서 칠면조가 끼룩끼룩 소리를 지릅니다. 언덕배기
에 오르다가 보련이가 넘어졌지요? 그 때 누가 손을 잡아 주더라? 그
래, 희영이가 잡아 줬지. 논 뒤에 예쁜 서릿발이 보이네요. ……."

아이들 모두 눈을 감게 하고 이런 식으로 내가 조용조용 다시 한 번
뒷산으로 생각을 끌고 갔다. 그런 뒤에 저마다 이렇게 다시 한 번 겪어
보기를 한 뒤에 그걸 쓰도록 했다.

아이들이 얼마나 열심히 쓰는지 그만 쓰자고 살살 구슬러도 막무가내
로 계속 쓴다. 마지막 시간 끝날 때까지 붙잡고 쓰는 아이도 있다. 보련
이와 성욱이가, 다 쓴 아이들이 떠들어서 생각이 잘 안 난다고 조용하게
해 달란다.

"야들아, 시끄러워서 일기 못 쓰겠단다. 좀 조용히 해라."

보련이와 몇몇 아이들은 끝내 학교에서 다 쓰지 못하고 집에 가서 이

어 쓰기로 하고 일기장을 가지고 갔다. 다 쓴 아이들은 일기를 냈다.

써 낸 일기를 보니 아이들이 굉장히 자세히 썼다. 일곱 쪽, 여덟 쪽, 열 쪽이 넘게 쓴 아이도 있다. 겪어 보기 공부는 성공이다.

1996년 12월 16일 월요일. 제법 추웠다.

우리 선생님은 촌놈

민화 일기장을 보니 내가 촌놈이란다. 민화 이야기가 아니고, 민화 어머니와 옆집 아주머니가 이야기를 하는데 옆집 아주머니가 그렇게 말했단다. 웃음이 나왔다. 민화를 불러서 이야기를 하고 싶었다.

"민화야, 이리 와 봐."

걸상에 비스듬하게 기대 앉아서 불렀다. 내가 부르는 소리에 장난기가 섞여 있음을 알았던지,

"왜요? 싫어요."

이러면서 가까이 왔다.

"내가 촌놈일까, 아닐까?"

"촌놈 맞아요."

"나는 대구에 살고 있는데 왜 촌놈이지?"

"밭 그리기 하고, 늘판 가는 이야기 하고, 벼 이삭 줍기 하니까 촌놈이지요."

옆집 아주머니가 말한 대로 그대로 옮기면서 쌕쌕 웃었다.

"민화도 촌놈이야."

"맞아요. 나도 촌놈이래요."

"민화가 왜 촌놈인데?"

"몰라요. 옆집 아주머니가 나도 촌놈이라고 그랬어요."

"민화야, 우리 촌놈끼리 한번 안아 볼까?"

이러면서 민화를 안으려고 하니 생글생글 웃으면서 달아나 버렸다.

2월

1997년 2월 14일 금요일. 추웠다.

주사 맞은 엉덩이 때리지 말아요

학교에 도착하니 7시 40분. 차에서 라디오 방송을 조금 더 듣다가 교실에 들어오니 교실 문이 굳게 잠겨 있다. 오늘도 내가 1등이다. 어제는 지선이가 나보다 일찍 와서 문을 열었다. 지선이 녀석 때문에 자주 1등을 놓친다. 나는 우리 교실에서 늘 1등을 하고 싶다. 내 손으로 문을 열어서 불을 지펴 놓고 아이들을 기다리고 싶다.

불을 피워 놓고 난롯가에서 권정생 선생님의 《우리들의 하느님》을 읽었다. 벌써 몇 번째 읽는 책이다. 아이들이 하나 둘 들어왔다. 책에서 눈을 떼지 못하고 건성으로 "얼렁 오너라.", "불 쬐라." 했다. 내 곁에 와서 그냥 빤히 쳐다보다가 들어가는 놈, 괜히 내 몸에다 제 몸을 갖다 대고 끄덕거리다가 가는 놈, 진아는 꿈에 정승이가 나왔는데 왜 정승이가 나왔는지 모르겠단다. 동현이는 저금을 내일 하겠다고 했고, 김진아는 통장을 깜빡 잊고 왔는데 "가지러 갈까요?" 하고 물어서 "아니." 하고 말해 주었다. 종진이는,

"선생님, 엉덩이 때릴 거예요, 손바닥 때릴 거예요? 왜냐 하면 엉덩이 주사를 맞았거든요."

한다. 어제 숙제를 안 해 와서 엉덩이를 때렸더니 그런다. 오늘도 숙제

를 안 한 모양이다.

"엉덩이도 손바닥도 다 때리지."

했더니,

"안 돼요. 주사 맞았어요."

하면서 걱정이 태산이다.

"손바닥도 엉덩이도 다 맞지 않으면 되지."

했더니 그제야 안심이 되는 모양이다.

제완이가 비닐 봉지에 빵을 가득 넣어 왔다. 어머니가 만든 것인데 선생님과 동무들과 나누어 먹으라고 하더란다.

"제완이 어머니는 지난번에도 강냉튀밥을 만들어 주시더니 이번에는 맛있는 빵까지 만들어 주셨네."

이러면서 한 개를 집어 들고 나머지는 돌려 주었더니 아이들이 모두 제완이 둘레로 모여들어 조금씩 나누어 먹는다. 열 개가 넘으니까 반 개씩 나누어 먹어도 스무 사람은 족히 나누어 먹었으리라.

1997년 2월 15일 토요일. 하루 종일 새촘하다.
반갑지 않은 상

우리 반이 상을 받았다. 설을 쇠고 온 뒤에 저금을 많이 한 순서대로 전교에서 네 반을 뽑았는데 우리 반이 거기에 들어갔다. 우리 반이 거기에 들었다는 사실에 어이가 없다. 저금을 등수 매겨 상을 주는 것도 그렇지만 그것보다는 우리 반이 다른 반에 훨씬 못 미쳐야 말이 되는데 말이다. 왜냐면 우리 반에서는 세뱃돈을 잔돈으로 받는 운동을 펼쳤기 때문이다. 그런데도 저금을 많이 해서 상을 받았다는 것은 잔돈 받기를 실천하지 않은 아이가 많았다는 말이다. 하기야 정승이 혼자서 20만 원을 해서 모두 80만 원이 넘었으니.

반장이 상장을 받아서 교실에 들어왔을 때, 내가 이렇게 말했다.

"이 자슥들, 세뱃돈 잔돈으로 받기를 실천하지 않았다는 증거가 이 상 장이야."

하고 상장 격을 떨어뜨려 버렸다.

그 상말고도 방학 과제물 상을 여덟 명이 받았다. 이현아, 장경철, 진 제완, 김정승, 정병화, 김민정, 김병준, 나은애가 받았는데, 성진아가 상을 받지 못해서 눈물까지 글썽거렸다.

상이란 이런 것이다. 받는 사람이 기뻐하는 것은 물론이고 지켜보는 사람도 축하해 줄 수 있어야 하는데 그렇지 않다면 그건 이미 상이 아니 라 독이다. 권정생 선생님이 상을 받고 한 잠도 못 자고 고민하다가 마 침내 상금과 상장을 돌려 주고 속 시원해했다는 이야기가 떠오른다.

방학 생활을 잘 했지만, 20퍼센트로 정해진 것 때문에 상을 받지 못한 아이들에게는 '신나는 교실 상'을 주겠다고 약속했다. 모둠끼리 콩 볶아 먹기를 잘 한 아이들에게는 모둠상을, 버릇 고치기를 잘 한 아이들에게 는 '버릇 고치기 잘 한 상'을 주어야겠다.

1997년 2월 19일 수요일. 아침에는 제법 추웠다.

일기장 묶기

아이들 일기장을 차 가득 싣고 출근했다. 모아 둔 일기장의 일기 글을 짬날 때마다 컴퓨터에 입력을 하느라 집에 갖다 놓았기 때문이다.

아이마다 일기장이 많게는 열일곱 권, 적게는 대여섯 권씩은 다 되니 까 줄잡아 300권은 넘는다.

교실에 들어서니 7시 30분. 서무실에서 구멍 뚫는 기구를 가지고 와서 묶기 좋게 자리를 정해 똑같이 구멍을 퐁퐁 뚫었다. 그걸 아이들에게 나누어 주고 1권부터 차례대로 묶도록 했다. 그러고는 검은색 켄트지를 공책 크기대로 잘라서 앞장에 묶고 그 위에 미리 복사해 둔 표지 종이를 붙였다. 다 묶고 겉표지를 붙이니 아주 그럴듯했다.

```
┌─────────────────────────────────────┐
│                                     │
│  평생 보관할 보물 1호                 │
│  1권~( )권                          │
│                                     │
│       ┌─────────────────┐           │
│       │  1학년 때 쓴 일기  │           │
│       └─────────────────┘           │
│                                     │
│      시작한 날 : 1996년 7월 1일        │
│      끝낸 날 : 1997년 2월 28일         │
│         담임 : 윤태규                 │
│                                     │
│                                     │
│                                     │
│        보물 주인 : 홍길동             │
│                                     │
│                                     │
└─────────────────────────────────────┘
```

　지금부터 이 보물은 평생 동안 잘 챙겨야 한다는 이야기를 했다. 이사 갈 때도 가장 먼저 챙기고 시집 장가 갈 때는 물론 죽을 때는 자식에게 넘겨 줘야만 진짜 보물이라고 했다. 정말로 그렇게 되기를 바라는 마음으로 이야기를 했다. 학년을 마무리하는 아주 좋은 보물이 될 듯싶다.

1997년 2월 21일 금요일.

1학년을 마치며

우리 아이들과 오늘이 마지막이다. 내일이 있지만 종업식만 하고 돌려보내는 날이니 교실에서 함께 있기는 오늘이 마지막이다. 아이들 하나하나 얼굴을 살펴보았다. 내일 헤어질 아이들 표정이 아니다. 그렇고말고다. 지금 이렇게 서로 얼굴을 맞대고 있는데 헤어진다는 게 실감이 날 턱이 없다. 내일도 모레도 언제나 이렇게 지낼 것으로만 생각을 한다. 당연하다.

그런데 녹음 준비를 하고 1번부터 차례로 나와서 1학년을 마치면서 하고 싶은 말을 하다가 그만 울음바다가 되고 말았다. 웃기는 이야기를 하는 아이도 있고, 2학년이 되면 공부를 열심히 하겠다는 아이도 있었는데, 여리고 정이 많은 정병화가 울면서 이야기를 하는 바람에 여기서도 저기서도 울음이 터져 나오고 말았다. 병화는 이야기를 하다가 잠깐 그쳐 훌쩍훌쩍 울고, 또 울음을 꿀꺽 삼키고는 다시 이야기를 잇고 해서 교실을 그만 울음바다로 만들어 버렸다.

마지막 번호로 내가 1년을 마치는 이야기를 조금 길게 하고는 녹음을 끝냈다.

간격을 넓혀 가는 것이 교육이고 성장이다

나는 교실에서 참으로 매정한 선생입니다. 1학년 담임을 하면서도 아이들 청소를 절대로 대신 해 주지 않습니다.

"선생님, 훈이 코피 나요."

아이들이 우우 몰려와서 이러면 나는,

"코피 나면 닦아라. 그리고 양호실에 가 봐라."

이러고 맙니다. 입학하자마자 양호실이 어디에 있고 무엇을 하는 곳이라는 것을 배웁니다. 배웠으면 혼자서 할 수 있도록 하는 게 교육이 아니겠습니까?

"선생님, 신발 잃어버렸어요."

"잃어버렸으면 찾아봐라. 자기 신발 자기가 찾아야지."

이럽니다. 열에 아홉은 제 스스로 찾아 냅니다. 혼자 찾기 힘들면 동무들과 함께 찾기도 합니다. 그러면 됐습니다.

집집마다 보면 아침마다 전쟁입니다. "조금만, 조금만." 하면서 이불속을 파고드는 아이가 안쓰러워 어머니들이 알림장을 보고 준비물까지 다챙겨 줍니다. 이러니 아이는 그냥 어머니가 깨우면 일어나서 떠먹여 주는 밥 먹고 챙겨 둔 가방 메고 학교에 가면 됩니다. 어쩌다 늦게 깨우거나 준비물을 미처 챙겨 놓지 못한 날에는 소처럼 눈을 부라리며 씩씩거립니다. 학교 안 가겠다고 엄포를 놓습니다. 이러면 어머니는 그만 죄인이 되어서 쩔쩔맵니다. 그렇게 학교에 보내서 무엇을 배우라는 말입니까? 늦게 일어난 것은 아이의 책임이지 부모님 책임이 아닙니다.

따지고 보면 부모님으로부터 차츰차츰 간격을 넓혀 가는 것이 교육이고 성장입니다. 그 거리를 인정하지 않고 자꾸만 좁히려는 것은 아이의 성장을 가로막는 과보호입니다. 창의성은 결코 많이 주는 데서 생기지 않습니다. 콩나물에 잔뿌리가 나지 않는 것은 물을 많이 주기 때문입니다.

"그것은 네가 해야지."

"그래, 네 힘으로 해 봐라."

이 말 한 마디가 훌륭한 교육이지 싶습니다.

3장 양호실에는 혼자 가세요

1998년

대구 금포 초등 학교 1학년 3반

3월

1998년 3월 3일 화요일. 춥다.

또 1학년 담임을 맡았다

마음이 설렌다. 어떤 아이들이 내 품 안으로 올 것인가? 얌전이도 있고, 개구쟁이도 있겠고, 겁쟁이도 있겠고 그렇겠지.

우리 반 식구들 명단을 받았다. 주욱 읽어 내려갔다. 이름들이 하나같이 예쁘다. 남자 열네 사람, 여자 열일곱 사람, 모두 서른한 사람이다. 많은 숫자는 아니다. 막상 입학식을 하고 보니 여자 아이 한 명이 이사를 가서 딱 서른 명이다.

서무실 백미숙 씨가 자기 아이를 우리 반에 청강생으로 넣어 달라고 부탁을 했다. 아이가 유치원에 2년이나 다녀서 죽어도 유치원에는 안 가겠다고 한단다. 그렇다고 조기 입학은 시키기 싫단다. 그러니 방법은 1학년 청강생이 되는 수밖에 없단다. 아이들이 많은 것도 아니고 해서 그냥 뒷자리를 하나 마련해 주기로 했다. 이름은 김주석이다.

조기 교육, 조기 교육 하는데, 그게 이런 문제를 가져오고 있다. 만으로 다섯 살에 유치원 다니고 여섯 살에 초등 학교에 들어오게 하면 될 텐데 뭣 때문에 세 살, 네 살 때부터 유치원에 넣어서 재수, 삼수시켜 싫증나게 하는가?

올해 조기 입학생이 두 사람인데 말리는 쪽으로 이야기를 했으나 한사

코 고집을 부려서 입학을 시키기는 했다. 그 사람들이 막무가내로 조기 입학을 시키겠다고 하는 까닭은 백미숙 씨 사정과 비슷하다. 유치원을 몇 해 다녔고 또 다른 아이들보다 더 똑똑해서 충분히 1학년에 들어가 한 살 많은 아이들과 어깨를 나란히 할 수 있다고 생각하는 것이다. 하기야 자기들 어렸을 때와 견주어 보면 그런 생각이 들겠지. 날마다 텔레비전 보고, 유치원에서 배우고 해서 글자를 익혔겠지. 글자 조금 일찍 깨우쳤다고 어디 그게 똑똑한 것인가.

줄을 서서 입학식을 하는데 저 뒤에서 덩치 큰 남자 아이 하나가 줄을 벗어나서 제멋대로 돌아다닌다. 그 아이 어머니인 듯한 사람이 아이를 잡아 제자리에 세우느라고 애를 먹는다. 웃음이 나왔다. 저런 개구쟁이 놈이 학교 생활 틀에 들어오려면 얼마나 힘든 과정을 거쳐야 할꼬?

"선생님 반 저놈, 꽤나 개구쟁이 같아요."

2반 이화순 선생님이 내 귀에 대고 속삭이듯이 말했다.

"그렇지요?"

그런데 이상하게도 그런 개구쟁이가 우리 반에 있다는 게 왠지 모르게 든든하다는 생각이 들었다. 멀어서 눈을 맞출 수는 없었지만 그 아이에게 자꾸만 눈이 갔다.

입학식을 마치고 학교 이름, 자기 이름, 담임 이름을 큰 소리로 말하게 했다. 그리고 줄서기 공부를 했다.

학부모들에게는 아침에 깨우지 말고 스스로 일어나게 하고 반드시 아침에 똥을 누도록 해서 학교에 보내는데, 내일부터는 혼자 보내라고 부탁을 했다.

올해 1학년과 1년 동안 어떤 생각으로 어떻게 살아갈 것인가 하는 이야기를 담은 가정 통신문 98-1호를 나누어 주었다.

아이들과 학부모를 다 보내고 교실에 들어오는데 내 뒤를 곧바로 따라 들어오는 학부모가 있었다. 아이 손을 잡고 들어왔다. 가만히 보니 믿음

직하게 생긴 개구쟁이, 입학식 때 어머니를 속썩인 그 자식이다.

"선생님, 안녕하세요?"

생글생글 웃으면서 인사를 한 어머니의 얼굴이 금방 굳어졌다.

"예."

"선생님, 우리 창수는 다른 아이 같지 않습니다……."

거기까지 이야기를 하더니 창수 어머니는 그만 목이 메어 말을 잇지 못하고 눈물을 주르르 흘렸다.

나는 당황스러웠다. 어찌할 바를 몰라서,

"여기에 앉으시지요."

이러면서 오르간 걸상을 권했더니 괜찮다면서 서서 이야기를 했다.

창수는 실제 나이는 우리 반 아이들보다 한 살 많은 일곱 살이지만 정신 나이는 이제 겨우 두 살 정도란다. 가장 눈에 띄는 장애는 말을 잘 하지 못하는 것이고 발음도 정확하지 않을 뿐만 아니라 온전한 말은 한 마디도 못 하고 아주 쉬운 낱말만으로 뜻을 주고받는 것이 고작이란다. 병원이라는 병원은 다 돌아다녔고 전문가라는 전문가는 다 찾아가 보았지만 고칠 방법이 없단다.

알고 보니 창수 어머니가 일부러 우리 학교에 아이를 넣었다. 창수 아버지도 초등 학교 교사인데 초임 시절에 내가 있던 학교 근처에 근무해서, 가끔씩 만난 사석에서 내게 학급 경영 이야기를 들었고 또 우리 반 학급 문집도 봤단다. 이름은 김우섭 선생님. 그 때 무척이나 감동을 받았는데 지난 겨울 방학 때 우리 학교에 무슨 일로 들렀다가 내가 이 학교에 있다는 소식을 듣고, 온전하지 못한 아들 창수를 이 학교에 넣기로 마음을 굳혔단다. 주소를 옮기면서까지 이 곳에 입학을 시켰지만 내가 담임이 되리라고는 꿈에도 생각하지 않았고, 다만 김우섭 선생님이 와서 간곡하게 부탁을 하면 내가 곁에서 창수를 봐 주기는 할 것 같았기에 넣었단다.

김우섭 선생님. 기억이 잘 나지 않는다.

앞이 캄캄하다. 창수를 위해 내가 특별히 가지고 있는 프로그램도 없고 또 일반 아이들을 위한 지도가 고작일 텐데 어떻게 하느냐고 해도, 다 알고 있단다. 아무것도 바라지 않고 그냥 창수가 아이들과 어울려 놀기라도 하고 학교를 재미있게 다니기라도 하면 된단다. 말이 그렇지 그게 어디 쉬운가? 두 살짜리 아이가 어떻게 영악스럽기 그지없는 여섯 살 아이들과 어울릴 수 있다는 말인가?

자꾸만 눈물을 흘리는 창수 어머니 앞에서 특수 학교라는 말을 차마 꺼내기 어려웠다. 간신히 그 말을 했더니, 명확한 대답을 하지는 않았지만 창수가 어차피 일반 아이들과 어울려 이 세상을 살아갈 것이라는 말과 또 특수 학교, 특수 학급에 대한 불신을 털어놓았다. 거기에는 창수가 장애라는 현실을 인정하기 싫은 부모의 가슴아픈 마음이 들어 있었다.

몇 년 전에 옥포 초등 학교에서 1학년을 맡았을 때 가르쳤던 호준이가 생각났다. 호준이는 태어나면서부터 귀가 들리지 않아서 말을 못 하는 아이였다. 그 아이 어머니도 오늘 창수 어머니처럼 입학식날 울면서 나와 이야기를 나누었다. 그 때도 나는 호준이를 위한 아무런 지도 방법도 모르고 있으며, 일반 아이들과 생활하면서 내가 호준이를 위해 얼마나 애를 쓸 수 있을지 모르겠다는 이야기를 했고 호준이 어머니도 많은 것을 바라지 않는다고 했다. 그러나 1학년을 마치면서 내가 호준이를 위해 정말 아무것도 해 준 것이 없어서 얼마나 괴로워했는가!

걱정이다. 창수는 지금 나와 어머니가 제 말을 하고 있다는 사실을 전혀 모르는 채, 어머니가 업고 와서 내려놓은 동생 뒤를 따라다니느라 바쁘다. "버버버." 하면서.

자기 소개

놀이터에 가서 그네도 타고, 시소도 타고, 미끄럼틀도 탔다. 놀이 기구들이 쇠붙이라 차가웠지만 아이들이 곧잘 타고 놀았다. 손이 시려워서 호호 불기도 했다.

"선생님, 공부는 언제 해요?"

아이들은 교실에 들어가서 언니들처럼 책을 펴 놓고 공부를 하고 싶나 보다.

"지금 우리는 공부를 하고 있는 거예요."

"에이, 공부가 뭐 이래요."

아이들은 놀이 기구 타는 것이 시시해졌는지 자꾸만 교실에 들어가서 공부하자고 조른다.

"자, 그럼 모두들 우리 교실로 들어가 봅시다."

"와! 신난다."

아이들은 한 번도 들어가 보지 않은 교실인데도 용케도 잘 찾아 들어간다.

교실에 들어가서 자리를 정했다. 아이들을 키대로 세우고는 남자와 여자를 짝지어 앉혔다. 그러고는 앞에 나와서 자기 이름을 큰 소리로 말하고 사는 동네 이름, 부모님이 하시는 일을 여러 사람에게 알려 주자고 하고 출석 번호 차례대로 불러 내어 시켰더니 곧잘 했다.

"저는 대구 금포 초등 학교 제1학년 3반 김유진입니다. 아버지는 일하러 갔고 어머니는 동생을 보고 있습니다."

유진이가 아주 큰 소리로 똑똑하게 말을 하고 들어갔다.

"안녕하십니까? 저는 대구 금포 초등 학교 1학년 3반 김지웅입니다. 아버지는 회사에 다니고, 어머니는 우리 학교 식당에 다닙니다."

지웅이는 더 큰 소리로 말을 한다.

"안녕하십니까? 저는 대구 금포 초등 학교 제1학년 3반 김주석입니다. 어머니는 부엌에서 일을 하고 아버지는 텔레비전을 봅니다."

우리 학교 서무실에서 일하는 백미숙 씨의 아들이다. 어머니는 우리 학교 서무실에서 일을 한다고 해야 할 텐데 어머니가 부엌에서 일을 할 때를 떠올려서 말한 모양이다. 그 때 아버지는 텔레비전을 보고 있었겠지.

'부모님이 하시는 일'

이 말이 부모님의 직업을 이르는 말이라는 것으로 생각하지 못했으니 부엌에서 일하는 어머니가 떠오른 것은 어쩌면 당연한 일이다.

1998년 3월 7일 금요일. 따뜻하다.

아란이의 책가방

공부를 시작하려는데 맨 앞에 앉은 아란이가 홀짝홀짝 울고 있었다.

"아란아, 왜?"

눈을 둥그렇게 해서 물었더니 더욱 서럽게 울면서 가방이 어쩌고저쩌고 했다.

"울면서 말하니까 도대체 무슨 말인지 알아들을 수가 없잖아. 울음을 뚝 그치고 말해야지."

이렇게 말했더니 금방 울음을 뚝 그치고 똑똑하게 말을 했다.

"가방이 없어졌어요."

"어디에 뒀는데 가방이 없어져?"

"이 자리에 두었어요."

"언제?"

"아까요."

"가방을 두고 어디에 갔더냐?"

"그네 타고 왔어요."

"거기에 둔 가방이 왜 없어지겠노? 가방이 발이 달렸나?"

얼른 짚이는 게 있어서 바로 옆 반인 2반 교실로 쫓아가 봤다. 그 반에서 아란이와 같은 분단, 같은 자리에 가서 "여기 가방 하나 없더냐?" 하고 물었더니 있단다. 아란이처럼 조그마한 여자 아이가 가방이 있단다.

"이게 웬 가방이니?"

"여기 있었어요."

그 아이가 제 자리에 있는 가방을 가리키며 말했다. 그 아이는 그 가방을 다른 곳에 치우지도 않고 어찌할 줄 몰라서 그 자리에 그냥 두고 앉아 있었다. 제 가방도 함께 있어서 앉을 자리가 없으니까 엉덩이만 살짝 걸치고 앉아 있었다. 2반 선생님과 나는 그만 "하하." 웃고 말았다. 가방을 찾아서 자꾸 웃으면서 교실로 돌아왔다.

1998년 3월 19일 목요일.

아이들은 몸으로 살아간다

아이들이 귀엽다. 1학년 아이들이 참 귀엽다. 얼마나 귀여운지 모르겠다. 몇 년 전까지만 해도 말귀도 잘 알아듣고 뭔가 통하는 게 있어서 6학년 담임하기를 가장 좋아했는데 이젠 1학년이 참 좋다. 우리 집 아이들이 어렸을 때도 내가 이렇게 좋아했는지 모르겠다.

아이들은 동무들과 어울려 놀지 않고 혼자 있을 때도 무엇을 만지고 있다. 절대로 멍하게 앉아 있지 않는다. 생각을 깊게 한다든가 쓸데없는 공상을 하지 않는다. 아이들은 생각으로 살아가지 않고 몸으로 살아간다. 금방 내버리고 말 딱지도 접고 또 접는 것이 아이들이다. 그걸 모르면 1학년 담임, 1학년 부모로 자격이 없다.

뒤쪽에 있는 수족관을 들여다보면서 혼자 놀고 있는 창수를 큰 소리로 부르면서 오라는 손짓을 했다. 창수가 "버버." 하면서 걸어왔다.

"창수야!"

"예!"

꼭 안아 주고 뽀뽀를 해 주었더니 좋아서 펄쩍펄쩍 뛰었다. 그러더니 내 귀를 잡아당기다 만지작거리다가 다시 수족관으로 갔다.

1998년 3월 20일 금요일. 흐리고 춥다.

우리 집에 라면 먹으러 오세요

날이 새촘하게 춥다. 교실에 들어오는 아이들 입에 춥다는 말이 붙어 다닌다.

진영이가 발발 떠는 시늉을 하면서 교실에 들어섰다. 입술이 새파랗다. 들어서자마자 내 곁으로 와서 나를 빤히 쳐다봤다. 그렇게 쳐다보는 것이 장난이다.

"아이구, 우리 진영이 추워서 어쩌나?"

이러면서 진영이 손을 잡았더니,

"선생님, 오늘은 우리 아버지 생일날이래요. 그래서 맛있는 거 많이 먹어요."

이러면서 자랑을 늘어놓았다.

"그래? 진영이는 좋겠다. 맛있는 거 뭘 먹었는데?"

"먹었는 게 아니고 학교 갔다 오면 맛있는 거 많이 준다고 했어요, 어머니가."

"며칠 전에는 동생 생일이 지나갔지?"

진영이는 동생 생일날에도 오늘처럼 자랑을 했다.

"맞아요. 조금 있으면 고모 생일도 있어요."

"이야, 진영이네 집에는 생일도 많다."

"선생님, 우리 집에 와요. 그러면 라면도 삶아 주고 밥도 해 주고 할게요."

느닷없이 저희 집에 오란다. 오늘 공부할 자료 좀 챙기고 있던 터라 진영이 말을 건성으로 받아넘겼다.

"그래, 그래. 진영아, 선생님이 지금 조금 바쁘단다."

"정말 올 거지요? 언제요?"

"그래, 그래."

이렇게 진영이 말을 막았다. 이제 그만 되었으니 들어가라는 말이다. 진영이는 용케도 내 뜻을 읽고 자리로 들어갔다.

오늘 공부를 끝내고 아이들을 보내고 교무실에 가서 점심을 먹었다. 1학년이 교실에서 점심을 먹을 때까지는 1학년 담임들은 교무실에서 점심을 먹는다. 점심을 먹고 교실로 들어오니 진영이가 집에 가지 않고 혼자 우두커니 서 있었다.

"아니 진영아, 왜 가지 않고 그렇게 서 있니?"

그 때 마침 1반 박 선생님도 내 뒤를 따라 들어섰다.

"선생님이 우리 집에 가기로 했잖아요. 같이 갈려고요."

아, 글쎄 진영이가 이렇게 말하는 것이 아닌가?

"뭣이?"

나는 깜짝 놀랐다. 아침에 진영이와 함께 이야기했던 일들을 떠올렸다. 바빠서 "그래, 그래." 하고 대답을 했던 생각도 났다.

"진영아, 오늘은 바빠서 못 가겠다. 다음에 갈게."

나는 진영이를 꼬옥 안아 주면서 이렇게 말을 했다.

"다음에 언제요?"

진영이는 다짐을 받겠다는 듯이 나를 빤히 쳐다보며 물었다.

"나중에 갈게, 나중에."

"나중에 언제요? 더울 때요?"

"그래, 더울 때."

"알았어요. 선생님, 더울 때 꼭 우리 집에 와요."

진영이가 간 뒤에 박 선생님에게 그 이야기의 앞뒤 사정을 말해 줬더니 우스워 죽겠단다. 한번 가서 라면 얻어먹고 오란다.

애들아, 한 시간 더 남았다

며칠 전부터 시작된 감기가 오늘은 어찌나 심한지 아침 운동도 못 갔다. 몸이 천 근 만 근이다. 1학년이 아니고 다른 학년이면 학교도 못 나갔을 것이다.

겨우 학교에 가서 교실을 대강 챙겨 놓고 숙직실에 가서 누워 있다가 나왔다. 꼼짝하기가 싫다. 그럭저럭 수업을 했다. 둘째 시간부터는 꾸미기 상자 만들기라서 아이들을 시켜 놓고 또 숙직실에 누웠다. 아이들이 걱정되어 오래 못 누워 있고 교실에 들어와 보니 아이들이 저희들끼리 아주 잘 만들고 있었다.

운동장에 나가서, 다 만든 상자로 쌓기 놀이를 해야 하는데 교실에서 했다. 쌓기 놀이를 하다가 시계를 슬쩍 쳐다보니 분침이 벌써 6자에 와 있다. 30분이면 마칠 시간이다. 서둘러 뒷정리를 시키고 알림장을 쓰고 마치고 나니 12시 30분이 아니라 11시 30분이다. 급히 복도로 뛰어나가서 아이들을 붙잡았다.

"애들아, 한 시간 더 해야겠다."

가방을 둘러메고 신발을 꺼내던 아이들이 눈을 둥그렇게 뜨고는 "왜요?", "왜요?" 한다.

"내가 시계를 잘못 봤다."

아이들을 앉혀 놓고 옛날 이야기를 해 주었다. 한 시간 동안 옛날 이야기를 해 주는 일도 보통 어려운 일이 아니다. 그래 겨우 시간 맞춰 아이들을 보내고 나니 창수 어머니가 교실로 들어왔다. 대구에서 아침마다 창수를 차에 태워 데리고 오고, 마치는 시간에 맞춰 다시 학교에 와 창수를 데려간다. 참으로 눈물겨운 일이다. 그런데 창수 어머니가 내일부터 창수와 같이 교실 생활을 하도록 해 달란다. 이렇게 그냥 둬서는 아무것도 될 것 같지가 않단다.

사실 그랬다. 창수가 할 수 있는 일이라고는 쉬는 시간에 그네를 타고 들어와서 여러 사람의 이야기가 실려 있는 위인전 겉표지를 펴 놓고 그걸 들여다보는 게 전부다. 그러다가 가끔 "뽀뽀뽀 친구!" 하고 소리를 질러서 둘레 아이들의 웃음거리가 되고 그런다. 도대체 지금 교실에서 무슨 일이 벌어지고 있는지 전혀 모른다. 옛날 이야기를 해 줘도 창수는 전혀 모른다. 아이들이 "하하." 웃어도 창수와는 상관이 없다. 《우리들은 1학년》 책에 줄긋기라도 시키면 삐뚤삐뚤하게 얼른 해 버리고는 책을 집어 넣어 버린다. 학습지 같은 것을 집에서 아주 많이 해 본 터라 그런 것은 눈 깜짝할 사이에 해 버린다.

학부모 한 사람이 하루 종일, 그것도 날마다 수업을 참관하는 일이 부담스러운 일이지만 어쩌겠는가. 오죽했으면 그런 마음을 다 먹었겠는가 싶어서 그렇게 하기로 했다.

오후에는 일찍 나와서 병원에 갔다. 주사 두 대를 맞고 약을 먹고 나서 이것저것 다 미뤄 놓고 한잠 푹 잤다. 땀이 비 오듯 했다. 옷과 이불을 적실 정도였다.

1998년 3월 26일 목요일. 맑고 따뜻하다.

창수 어머니

창수 어머니가 하루 종일 그 작은 걸상에 앉아 함께 공부를 했다. 공부하다가 아이들이 너무 떠들어서 "손 머리에 얹어!" 하니 창수 어머니도 아이들과 똑같이 손을 머리에 얹는다. 노래도 함께 하고 율동도 함께 했다.

1998년 3월 27일 금요일. 더웠다.

입 다물고 어떻게 밥을 먹어요?

점심 시간에 워낙 시끄럽게 떠들어서,

"입 다물고 밥 먹으세요."

했더니 가장 앞자리에 앉은 귀염둥이 진현이가 꼭 다문 입을 밥에 대고 "쭈쭈." 소리만 낸다. 왜 그러느냐고 했더니,

"선생님이 입을 다물라고 했잖아요."

한다. 너무 우스워서 갑자기 "하하." 하고 큰 소리로 웃었더니 아이들이 왜 그러느냐고 했다. 진현이를 보라고 했더니 진현이가 짓이 나서 아예 식판을 들고 돌아서서 "쭈쭈." 소리를 더 크게 낸다. 그게 또 무슨 따라 할 것이라고 아이들이 너도나도 식판에 입을 대고 "쭈쭈." 소리를 낸다.

"말은 하지 말고 입은 벌리고 밥을 먹으세요."

이렇게 고쳐서 말해 줬더니 그제야 진현이가 밥을 먹는다. 생글생글 웃으면서……

*4*월

1998년 4월 9일 목요일. 더웠다.
걱정스런 상상 글짓기

미래 과학 상상 글짓기 담당 선생님이 아이들 글 뭉치를 가지고 와서 심사를 좀 봐 달란다. 그런 글은 읽고 싶지도 않지만 어쩔 수 없다. 글을 읽으면서 화를 참지 못해 주먹으로 책꽂이에 있는 커다란 연필꽂이 깡통을 힘껏 쳤다. 도대체 왜 이런 글짓기를 해야 하는지? 이건 효행 일기를 쓰면 모두가 효자가 되고, 환경 일기를 쓰면 모두가 환경 지킴이가 될 것이라는 생각과 같다. 아이들을 생각의 틀 속에 집어 넣으려 하다니, 참 어리석다. 교육을 너무 쉽게 생각하는 데서 나온 발상이 아니겠는가. 아이들의 글은 하나같이 심부름과 일을 다 대신 해 주는 로봇 이야기다. 숙제도 해 주고, 청소도 해 주고, 밥도 해 주는 그런 로봇 이야기다.

4학년 회경이라는 아이의 글을 읽으니 그만 뒷골이 땅겨서 글을 더 읽어 나갈 수가 없다. 아찔하다. 농사짓는 컴퓨터가 있는데 컴퓨터 자판 치는 것도 손이 아파서 컴퓨터 자판을 움직이게 하는 리모컨을 만들어 농사를 짓는다는 이야기다.

세상에 이럴 수가! 땀의 소중함과 일이 귀하다는 것을 가르쳐야 할 학교에서 이게 도대체 무슨 꼴이란 말인가?

지희의 전학

지희가 오늘 전학을 간다. 내일 이사를 간다고 하니 오늘이 우리 교실에서 함께 공부하는 마지막 날이다. 그래서 지희를 앞으로 나오라고 해서 동무들에게 인사를 하라고 했더니 한참 망설이다가 입을 열었다.

"너희들하고 잘 지냈는데 전학 갈려니까 섭섭하다. 짧은 동안이지만 고맙다. 진짜 고맙다."

지희가 참 말을 잘 한다. 그것도 흔히 여러 사람 앞에서 쓰는 높임말을 쓰지 않고 저희들끼리 놀 때 말하듯이 했다. 거기까지 말하다가 그만 훌쩍훌쩍 울면서 말을 했다. 그래서 무슨 말인지는 몰라도 똑똑하게 하는 말 이상으로 아이들 가슴을 울렸다. 여기저기서 훌쩍훌쩍거렸다. 맨 뒷자리에 앉아 있던 창수 어머니도 그만 손수건으로 눈물을 찍어 냈다. 나도 눈물이 나와서 참느라 애를 먹었다.

전학 선물

지희가 학교에 나왔다. 오늘까지 우리 학교에서 공부를 하고 간단다. 하루라도 우리 교실에 더 있으니 반갑다. 얼른 교무실에 가서 컴퓨터를 켜고 지희에게 써 줄 편지 종이를 만들어 아이들에게 나누어 주고, 예쁘게 꾸며 지희에게 주자고 했다. 물론 나도 편지를 썼다. 생일 축하 편지처럼 묶어서 주었다.

공부를 마치고 집으로 가는 지희를 불러서 사물함에 있는 물건들을 챙겨 가느냐고 물었더니 아니란다. 작품 꽂이고 교과서고 준비물이고 그대로 놔 두었다. 마치 월요일에 다시 이 교실에 올 것처럼. 똑똑한 지희지만 1학년은 1학년이다.

지희와 같이 하나하나 챙겼는데 양이 워낙 많아서 5학년 언니에게 연락을 해서 같이 들고 가라고 했다.

청소가 끝나고 지희를 업고 교실을 한 바퀴 돌았다.

"지희야, 전학 가기 싫으냐?"

"예."

"안 간다고 어머니에게 떼를 써 볼 것이지."

"안 간다고 그랬어요. 그런데 안 된대요. 이사 가기 때문에요."

"그랬어? 화원 학교에 가도 좋은 동무들 많을 거야."

살아가다 보면 어쩔 수 없다고는 하지만 아이들 뜻과는 전혀 상관 없이 이사를 다니는 어른들 때문에 마음에도 없는 전학을 다녀야 하는 문제를 다시 생각하게 했다.

창수가 참으로 딱하다

재미있는 숙제로 '민들레 피리 만들어 불기'를 냈다. 잔디밭에 앉아서 민들레 피리를 만들어 보여 주면서 설명을 해 주었다.

청소가 끝난 뒤에 창수 어머니를 조용히 만났다. 창수와 20일이 넘도록 교실 생활을 했으니 이젠 저 혼자 교실 살이를 하도록 월요일부터는 나오지 않았으면 좋겠다고 했더니 당분간 더 다녔으면 한다고 했다.

어머니와 함께 있으니 창수가 나한테 가까이 다가오려고 하지 않는 문제며 학교 생활이라는 것이 부모와 아이 사이에 교사가 끼어드는 것인데 그 틈새가 없으면 학교에 온다고 할 수 없지 않겠느냐는 얘기도 했다.

창수가 아직은 초등 학교 공부를 할 수준에 와 있지 못한데 너무 욕심을 낸 것 같다고 했더니, 창수 어머니도 인정했다.

월요일부터는 국어, 수학 시간같이 글자 쓰고 숫자 쓰고 하는 시간은 창수 혼자 공부하게 하고 다른 시간에만 어머니가 함께 있도록 하자, 그래서 차츰 창수 혼자서 교실 생활을 할 수 있도록 하자고 의견을 모았다. 하기야 글자 쓰는 공부말고는 창수 어머니가 곁에 있어도 속수무책이다. 제 생각을 말하는 시간이라든가 이것저것 꽤나 복잡한 설명이 필요한 공부를 창수는 조금도 가까이할 수 없다. 제 어머니가 곁에 있어도 어쩔 수 없는 노릇이다. 그럴 때, 창수와 창수 어머니가 아예 손놓고 멍하니 앉아 있는 모습을 보면 참으로 딱하다는 생각뿐이다.

1998년 4월 13일 월요일. 비가 오다 말다 했다.

창수 어머니 자리

아침에 교실에 들어와서 우리 반 달력을 보니 오늘이 민혜 생일이다. 이런, 어제 우리 반 달력을 보지 않아서 이런 실수를 했다. 급히 교무실에 가서 컴퓨터를 켰다. 이런 일이 있을까 봐 교무실 컴퓨터에 생일 편지 양식을 저장해 두었다. 급히 뽑아 복사해서 아이들에게 나누어 주었다. 칠판에 '오늘이 민혜 생일입니다. 생일 편지를 예쁘게 꾸며서 축하해 줍시다.' 이렇게 써 놓고 생일 편지를 쓰고 있는데 창수 어머니가 와서 몸이 불편해서 오늘은 일찍 가겠다고 했다. 마치 아이가 조퇴시켜 달라는 것만 같다.

창수 바로 앞에 앉았던 지희가 전학을 갔고, 창수 어머니는 오늘 일찍 집에 갔다. 그래서 창수를 지희 자리에 앉게 했다. 지희 짝이던 은미가 창수 짝이 되었다. 평소에도 창수를 잘 챙겨 주던 은미였다. 썩 잘 되었다 싶다.

지희가 전학을 가 버려서 우리 반 식구는 서른 명이 되었다. 그러니까 다섯 명씩 여섯 줄, 꼭 맞다. 맨 뒤에 있는 창수 자리는 줄 밖으로 툭 튀어나와 자리만 차지했다. 그래서 창수와 창수 어머니가 앉던 자리를 없애 버렸다. 교실 뒷자리가 아주 여유가 있게 되었다. 창수 어머니 자리가 없어져 버린 것이다.

은미가 창수를 아주 잘 돌봐 준다.

마칠 때, 민혜를 업어 주었다. 좋아서 싱글벙글이다.

1998년 4월 17일 금요일. 아침에는 맑더니 차츰 흐려지고 있다.

선생님, 오줌 누고 오겠습니다

쉬는 시간에 오줌을 누고 있는데 진현이가 화장실로 쫓아 들어오더니,

"선생님, 오줌 누고 오겠습니다."

했다. 진현이는 쉬는 시간에도 늘 나한테 이렇게 물어 보고 오줌 누러 간다. 그 때마다 "쉬는 시간인데." 해도 버릇처럼 그렇게 묻는다. 아마도 유치원 때 길러진 버릇인 모양이다.

화장실까지 왔다가 나를 만나서 얼떨결에 그런 말을 하는 것이 하도 우스워서,

"안 돼!"

했더니 머쓱해서 오줌도 누지 않고 그냥 돌아서려고 한다.

"진현아, 오줌 누자. 그런데 말이야, 오줌 누러 가는 건 선생님에게 묻지 않아도 돼. 오줌이 마려우면 누구에게도 묻지 않고 오줌 누러 가는 거야. 알았지?"

"예."

대답은 잘 한다. 그렇지만 다음에 오줌이 마려우면 또 나에게 물을 것이다.

창수야

8시 20분쯤 되어서 창수가 교실로 들어왔다.

"창수야!"

"선생님, 안녕히 계세요."

'안녕하세요.'와 '안녕히 계세요.'를 분간 못 한다.

"창수야, 선생님 안녕하세요?" 이렇게 말했더니 금방 고쳐서 "선생님, 안녕하세요?" 했다.

자리에 앉기가 바쁘게 《슬기로운 생활》을 꺼낸다. 창수가 가장 좋아하는 책이다. 수학 시간이고 국어 시간이고 창수는 《슬기로운 생활》 책을 꺼낸다. 억지로 그 시간에 든 책을 꺼내라고 하면 꺼내서 얼른 글씨를 쓱쓱 써 버리고 어느 새 《슬기로운 생활》 책을 꺼내 놓고 있다.

"창수야, 이리 오너라." 손짓을 해 불렀더니 싱글싱글 웃으며 앞으로 왔다. 허리를 끌어안고서, "창수야, 밥 많이 먹었어?" 했더니, "계란 먹었어." 했다. "또 뭘 먹었어?" 했더니, "계란." 이런다.

소풍에 못 온 재은이

소풍날이다. 옛날이나 지금이나 소풍날은 즐겁다. 아이들이 고만고만

한 가방을 둘러메고 신나게 재잘거렸다. 그런데 재은이가 보이지 않았다. 어제 재은이가 걱정 가득한 얼굴로,

"선생님, 저는 내일 소풍 못 가요."

하길래 재은이 사정을 알고 있는 터라,

"재은아, 점심 도시락은 안 싸 와도 괜찮으니까 걱정하지 말고 오너라."

하고 일러 두었는데 결국 오지 않았다. 아이들이 좋아라고 떠드는 소리를 들으니 더욱 재은이 생각에 가슴아프다. 어린 것이 얼마나 소풍을 오고 싶었을까? 그것도 학교에 들어와서 처음 가는 소풍인데.

서울 어디에 살고 있다는 재은이 어머니가 이런 재은이 마음을 알고나 있을까? 아이를 가진 부부가 헤어진다는 것은 단순히 두 사람만의 문제가 아니다. 자기들 편한 대로 헤어질 자유는 있을지 모르지만 낳은 아이를 불행하게 만들 권한은 없다. 서울에서 옷 장사 한다고 하던데, 아이 생각이 나면 불쑥 나타나서 옷 사 주고 맛있는 거 사 주고 돈 몇 푼 쥐어 주고는 아이에게 할 일 다 한 양 가겠지. 그게 아이 가슴을 더욱 멍들게 한다는 것을 모르고 말이야. 참으로 철없는 사람들이지. 아이구, 가슴 답답해.

부경이 어머니가 교실로 수박, 참외, 방울토마토, 멜론이 들어 있는 과일 바구니를 보내 왔다. 하람이 어머니는 여러 층으로 된 밥통을 가지고 왔다. 지웅이도 밥통을 가지고 와서 내민다. 부모님이 소풍 장소에 절대 따라오지 말라고 했더니 교실로 밥을 보내 왔다.

소풍 장소까지 따라온 혜진이 어머니가 밥을 내놓았다. 회도 큰 것으로 세 접시를 가지고 왔다. 회는 가애 어머니가 보낸 것이란다. 그만큼 알아듣도록 이야기를 했는데도 이런다.

소풍 장소가 못 바로 옆이라서 조심스러웠다. 신경이 쓰였다. 창수 때문에 더욱 그렇다. 소풍 내내 "창수야, 창수야!" 부르다가 시간을 다 보

냈다. 창수가 못 가까이 가서 왔다 갔다 하길래, 가서 아무리 가자고 사정을 해도 고집만 부렸다. 그래 할 수 없이 등을 들이대고 업자고 했더니 그제야 "히히." 웃으면서 업혔다.

아이들과 닭싸움도 하고 달리기도 하면서 재미있게 보내는데 창수는 음료수 한 통 입에 물고 멀찌감치서 왔다 갔다 했다. 또 도착해서 자리 잡고 앉자마자 도시락을 꺼내 놓고 밥을 먹는 것을 말렸더니, 소리소리 지르면서 울던 창수다.

창수 어머니가 과일 몇 개 사 오셨다가 창수가 또래들과 어울리지 못하고 빈둥빈둥하는 걸 보고 갔다. 얼마나 가슴이 아팠을까?

5월

1998년 5월 4일 월요일. 화창하다.

담배는 불량 식품

평소에는 출근하자마자 교실에 가는데 오늘은 교무실에서 꾸물거렸다. 기독교 방송국에 팩스를 보낼 일이 있어서 서무실로 가는데 아란이와 다슬이가 와서 쫑알쫑알 말이 많다. 무슨 말인지 쉴새없이 지껄였다. 팩스를 보내고 교실로 오는데 다슬이가 안아 달라고 보챘다. 아란이도 덩달아서 안아 달란다. 걷는데 어떻게 안느냐고 했더니 그래도 막무가내다. 아기가 엄마 치마폭에 매달리듯이 걸거쳐서 도저히 걸을 수가 없었다. 할 수 없이 아란이를 덜렁 안고 교실로 왔다. 다슬이는 내 가방을 들고 쫄랑쫄랑 따라왔다.

두 시간을 마치고 쉬는 시간에 현관 밖에서 담배를 피우고 있으니까 진현이가 와서,

"선생님, 담배 피우면 몸에 나빠요."

했다. 내가 그냥 웃고만 있으니까,

"담배는 불량 식품이에요."

했다. 내 옷을 붙잡고 뱅뱅 돌던 아란이가,

"담배 피우지 말라고 몇 번이나 말했는데 아직도 피워요?"

어른스럽게 나무란다.

아이들 말처럼 나는 불량 식품을 왜 끊지 못하고 있을까?

세 시간 마치고 쉬는 시간에 은미와 혜영이가 싸웠다. 은미가 울고 있고 다른 아이들이 모두 은미가 잘못했다고 입을 모았다. 이야기인즉 분명히 혜영이 수첩인데 은미가 제 것이라고 우기는 모양이다. 아이들이 벌 떼같이 한꺼번에 말을 해서 무슨 말인지 잘 모르겠지만, 대략 그런 말이다. 아이들 말을 듣는 척하다가 내 자리로 와 버렸다.

가만히 보니 부경이가 은미를 위로하면서 하나하나 조목조목 무슨 이야기를 해 주면서 설득시키는 것 같다. 울던 은미가 고개를 끄덕끄덕한다. 도대체 무슨 설명을 저렇듯 진지하게 하는 것일까? 멀어서 무슨 말인지는 모르겠지만 위로를 해 가면서 잘잘못을 하나하나 지적해 주는 듯하다. 참으로 신통방통하다.

내일이 어린이날이라서 아이들에게 선물을 하나씩 주었다. 어제 일요일에 학교에 나와서 엽서를 코팅했다. 보리 출판사에서 세밀화로 만든 엽서에, 며칠 전에 아이 하나하나를 안고 찍은 사진을 붙이고, 그 밑에 '사랑한다.'는 짧은 글을 써 넣었다. 이 때까지 만들어 준 어린이날 엽서 가운데 올해 것이 가장 잘 되었다.

아란이가 전학 갔다

이사하느라 며칠 아침 운동을 못 갔는데 오늘은 이사한 집 가까이 있는 학산이라는 동네 산으로 아침 운동을 갔다. 처음이라 시간을 가늠하려고 시계를 차고 갔다. 좀 늦게 나서서 서둘렀는데 1시간쯤 걸렸다. 아침 운동 거리로는 딱 맞다. 학산 꼭대기에서 내려다보니 서정오 선생 집이 발 아래 보인다. 우리 집보다 더 가깝다.

운동을 하고 출근을 하니 한결 발걸음이 가볍다. 학교에 닿으니 7시 35분. 집에서 25분밖에 걸리지 않았다. 교무실에 들어서기가 바쁘게 류가애 생일 편지 쓸 종이를 복사했다. 교실에 들어서니 영준이가 벌써 와 있었다. 붕어 밥 주고 화분에 물 주고, 봄 동산 협동 작품을 뒤편에 붙이고는 가애 생일 편지를 썼다. 아이들이 하나 둘 와서 어떤 아이는 놀고 어떤 아이는 가애한테 편지를 썼다.

아란이가 전학을 간다. 늘 찰싹 달라붙어 안겨 오던 아란이가 오늘은 더 힘껏 안겼다. 그러고는 내 볼에 힘껏 마지막 뽀뽀를 했다.

아이들이 다 모였을 때 아란이가 전학을 간다는 말을 하고, 아란이에게 앞에 나와서 잘 있으라는 말을 하랬더니 처음에는 생글생글 웃더니,

"너희들 잘 있어라. 선생님 말씀 잘 듣고, 공부도 잘 해라……."

이쯤 말하고는 그만 찔찔거렸다. 내가 달래 주려고 가까이 가니까 그만 서럽게 울면서 내 품에 안겨 버렸다. 아란이 얼굴이 닿으니 내 웃옷이 금방 축축하게 젖어 버렸다.

1998년 5월 20일 수요일. 몹시 덥다.

농땡이 선생

나는 농땡이 선생이다. 아이들에게 미안하다. 이러고도 아이들 앞에서 늘 큰소리 탕탕 치지.

즐거운 생활 시간이었다. 색종이로 목걸이 만들기를 하기로 했다.

"모둠을 만듭시다!"

이 소리에 아이들이 반 노래를 부르면서 번개같이 모둠을 만들었다. 모둠마다 색종이를 두 봉지씩 나누어 주었다. 색종이를 잘라서 반지처럼 똑같은 동그라미를 만들어 그걸 예쁘게 이어 붙이면 된다. 여기에서

가장 어려운 것은 색종이를 똑같은 넓이로 자르는 일이다. 그런데 이 공부에서 노리는 것은 색종이를 똑같이 자르는 기능을 익히는 것이 아니라 창의적으로 목걸이를 만들어 보는 것이다. 그렇다면 힘들게 색종이를 자르게 할 필요 없이 똑같은 크기로 잘라 놓은 색종이 테이프를 준비해 주면 된다. 그러면 종이를 자르는 데 드는 힘을 목걸이를 창의적으로 구상하고 만드는 데에 쓸 수 있어서 그만큼 수업의 효과를 올릴 수 있다.

아이들에게 색종이 자르는 방법을 자세히 설명하고 만들도록 한 뒤에 캐비닛 안의 작은 종이 상자를 보니 거기에 색종이 테이프가 가득 들어 있는 것이 아닌가! 오늘 이 공부를 위해서 오래 전에 주문을 해 둔 준비물이다. 그걸 깜빡 잊고 색종이를 자르라고 해서 힘들게 수업을 이끌어 간 한심한 작자가 바로 이 농땡이 선생 윤태규이다. 아이들은 그것도 모르고 코를 훌쩍이기도 하면서 열심히 색종이를 자른다.

"얘들아! 잠깐."

아이들이 하던 일손을 멈추기도 하고 그냥 자르기도 하면서 나를 보았다.

"지금 자르는 것만 끝내고 더 자르지 마세요. 내가 미리 알맞게 만들어 놓은 색종이 테이프를 나누어 주겠어요."

"야!"

내가 들고 있는 색종이 테이프를 보고 아이들이 좋다고 소리를 질렀다. 어지간히도 힘들었던 모양이다.

아이들이 색종이 목걸이를 열심히 만들고 있는 동안에 이 실수한 이야기를 얼른 적어 두려고 일기장을 꺼내 쓰고 있는데, 몇몇 아이들이 목걸이를 가지고 나와서 내 목에 걸어 보고는 가지고 가서 또 잇고 했다.

"선생님이 색종이 테이프를 늦게 줘서 이거는 엉망진창이 되었잖아요."

영훈이가 내 목에 목걸이를 걸어 주러 나와서 자기가 잘라서 고르지 못하게 된 색종이 테이프를 보여 주면서 하는 말이다. 마치 이 부끄러운 일을 알기라도 하듯이.

"괜찮아, 잘 만들었어."

영훈이 엉덩이를 툭툭 때렸더니 헤헤 웃으면서 들어갔다.

1998년 5월 27일 수요일. 몹시 덥다.
호준이

나는 요즘 자주 완행 버스를 타고 출근을 한다. 고령으로 가는 7시 완행 버스를 탔는데 화원에서 호준이가 탔다. 반가웠다. 호준이가 벌써 6학년이다. 호준이는 1학년 때 옥포에서 내가 담임을 했던 아이다. 집은 화원인데 주소를 옮겨 가면서 호준이 부모님이 우리 반에 입학을 시켰다.

입학식날 출석을 부르는데 "이호준! 이호준!" 하고 아무리 소리를 쳐도 대답이 없었다. 몇 번 연거푸 부르니까 호준이 어머니가 가까이 와서,

"선생님, 얘가 호준인데요. 듣지를 못해요."

하는 게 아닌가! 키가 크고 잘생긴 아이 이호준. 태어나서 이 때까지 엄마라는 말도 한 번 못 해 본 아이다. 귀가 들리지 않으니까 말을 전혀 배우지 못했다.

나는 당황스러웠다. 호준이처럼 말을 못 하고 듣지 못하는 아이를 위해서 정말이지 어떻게 가르치고 함께 생활을 해야 할지 전혀 아는 바가 없다고 걱정을 했더니, 그런 것은 처음부터 바라지 않고 왔으니 제발 내치지만 말아 달라고 호준이 어머니가 눈물을 흘리며 애걸을 하였다. 참으로 난감했다. 걱정이 태산 같았지만 어쩔 수가 없는 노릇이었다.

호준이는 옛날 이야기 시간을 가장 지겨워했다. 그 시간이 되면 소리

를 꽥꽥 질러 대기도 했다. 받아쓰기, 그림 그리기, 산수 계산하는 시간을 좋아했다. 받아쓰기는 내 입을 자세히 쳐다보고 적었다. 읽기 시간에는 아이들이 호준이를 많이 시켰다. 호준이가 책을 읽을 때는 아이들이 아주 조용하게 책을 봐 주었다. 짐작으로 다 읽었다 싶으면 아이들이 손뼉을 많이 쳐 주었다. 그러면 호준이도 만족스럽게 씩 웃고는 했다.

그 호준이를 오늘 만났다. 키가 나보다 훨씬 크다. 호준이 손을 꼭 잡고 이것저것 물어 보았다. 호준이는 역시 내 입을 가만히 쳐다보면서 고개도 끄덕이고 웃기도 하고 그랬다. 호준이를 보니까 우리 반 창수 생각이 났다. 그전에는 창수를 보면서 호준이를 떠올렸는데. 우리 반 창수도 호준이처럼 참으로 잘생겼다.

1998년 5월 28일 목요일. 시원하다.
돌아온 아란이

얼마 전에 충북으로 전학을 갔던 아란이가 다시 돌아왔다. 아란이 할머니가 돌아가셔서 혼자가 된 할아버지를 모시겠다고 아란이 부모님이 고향으로 이사를 했는데 사정이 달라졌단다. 해결이 되어서 다시 오게 되어 좋다고 아란이 어머니가 그러신다. 아마도 좋은 할머니라도 찾아서 새장가를 들게 하신 모양이다.

아란이가 다시 오니까 아이들이 좋아서 펄쩍펄쩍 뛰었다. 끌어안고 꽁닥꽁닥 뛰기도 하고 그런다.

아란이 어머니 말씀으로는 아란이가 거기 가서 선생님 보고 싶다고 며칠을 울었단다. 반가워서 아란이를 덜렁 안아 주었다.

우리 반 식구가 서른한 사람이 되어서 한 자리가 뒤에 불쑥 튀어나오게 되었다. 그래서 창수를 가장 앞자리인 아란이 곁에 앉게 했다. 그전에 아란이 자리에 앉았던 명환이를 뒷자리로 보내고 아란이를 원래 자리에 앉게 했다. 짝인 진현이가 싱글벙글이다. 그러니까 진현이, 아란이, 창수 이렇게 세 사람이 짝이 된 셈이다. 창수 자리는 통로로 툭 튀어나왔지만 가장 앞이고 가장자리라서 크게 걸거치지는 않는다.

1998년 5월 29일 금요일. 시원하다.
어느 놈이야?

둘째 시간이 시작되었는데도 창수가 들어오지 않았다. 아직도 그네를 타고 있는가 싶어 유리창 너머로 놀이터를 살펴봤는데 창수가 없었다.

'이 자슥이 어디 갔노?'

열린 앞문으로 창수가 보였다. 징징 울면서 신발장에 신을 넣고 있었다. 가만히 보니 다른 반 1학년이 창수를 놀리고 있었다. 창수가 고래고래 소리를 질렀다. 갑자기 화가 머리끝까지 올랐다. 공부할 준비를 하고 있는 아이들에게 이렇다 저렇다 말 한 마디 없이 복도로 뛰어나갔다.

"창수 울린 놈들 누구야? 다들 이리 왓!"

아이들이 1반 교실 쪽으로 우르르 도망을 갔다. 나는 끝까지 그 아이들을 쫓아가서 붙잡았다. 큰 소리로 겁을 주면서 손바닥으로 어깨를 몇 대 때렸다. 이 기회에 겁을 많이 줘서 다시는 창수를 괴롭히지 않도록 해야겠다는 생각이 들었다.

"이놈들, 누구라도 창수를 놀리거나 괴롭히면 혼난다. 알았지?"

아이들이 겁을 버썩 먹고 하는 말이,

"선생님, 형들도 놀렸어요."

하면서 현관 쪽을 가리켰다.

"뭣이, 형이? 어디, 어떤 놈이냐?"

나는 더욱 화가 난 모습을 보이면서 현관 쪽으로 갔다. 거기에는 평소 낯익은 남자 아이가 서 있었다. 나는 자초지종을 물어 볼 겨를도 없이 다짜고짜 그 아이의 어깨를 내 손바닥으로 때렸다. 역시 크게 겁을 주면서.

"이놈아, 5학년이나 되는 놈이 1학년 아이를 괴롭혀? 엉!"

그 아이는 특수반 아이다. 나는 특수반 아이든 누구든 창수를 괴롭히면 혼이 난다는 것을 보여 주려고 엄포를 놓으면서 큰일이라도 난 것처럼 마구 야단을 쳤다. 겁에 질린 그 아이가 모기 소리로,

"선생님, 저는 창수를 잘 봐 주는데요."

하는 것이 아닌가? 아차 싶었다. 그 작은 소리를 들으면서 거짓말이 아니라는 것을 대번에 알 수 있었다. 이걸 어쩌나? 이미 엎질러진 물이 아닌가? 그 아이는 닭똥 같은 눈물을 뚝뚝 흘리고 있었다.

"그래? 내가 잘못 알고 그랬구나. 오냐 그래, 앞으로도 우리 창수를 잘 봐 줘라. 다른 아이들이 놀리면 그러지 못하게 말려 주고. 알았지?"

머쓱했지만 어쩌겠는가? 어깨를 때리던 내 손바닥으로 등을 두들겨 주면서 이렇게 말할 수밖에 없었다.

겁먹은 표정으로 지켜보고 있던 1반 아이들에게는,

"이놈들, 잘 알지도 못하면서. 이 형은 창수를 도와 주었다고 하잖아. 너희들 앞으로 창수 놀리면 혼날 줄 알아라. 알았지?"

돌아서 들어오면서 앞뒤 분간 없이 설쳐 댄 내 행동이 참으로 부끄러웠다. 5학년 그 아이에게 자꾸만 미안했다.

1998년 5월 30일 토요일. 상쾌한 날이다.

생활 속의 1학년

바른 생활 시간에 '화목한 가정을 만들기 위해서 내가 할 일'을 생각해서 발표하게 했다. 이럴 때는 으레 '부모님 심부름 잘 하기', '부모님 속썩이지 않기' 따위가 나오는 게 당연하다. 적어도 다른 학년은 말이다. 틀에 박힌 공부다. 그런데 우리 1학년 아이들은 그렇지 않았다. 자기가 집에서 직접 겪은 일들을 자세하게 이야기하였다. 이 얼마나 올바른 발표인가? "동생과 싸우지 않으려면 어떻게 해야 할까요?" 하는 물음에도 마찬가지다. "동생을 잘 돌봐야 돼요." 하지 않고 동생과 있었던 이야기를 했다. 언젠가 동생을 잘 돌봐 주었거나, 동생과 음식을 나누어 먹었던 이야기를 했다. 아이들은 절대로 현재 아닌 것을 이야기하지 않는다. 지나간 것도 지금 떠올리면 현재가 된다. 막연한 이야기나 장차 어떻게 하는 것이 바른 것이라는 이야기는 하지 않는다. 그런데도 우리는 그런 답을 가르치고 강요하지 않는가 생각해 볼 문제다.

이제 한 달쯤 지나면 우리 아이들에게도 일기를 쓰게 할 것이다. 1학년 아이들 일기 쓰기 지도가 다른 학년보다 쉬운 까닭이 여기에 있다.

6월

1998년 6월 1일 월요일. 아침에는 아직도 쌀쌀하다. 반소매가 어울리지 않는 듯해서 다른 사람의 옷차림을 슬쩍슬쩍 살폈다.

한규의 고집

운동장 모임 시간에 남자 줄 뒤에서 희영이와 한규가 싸움을 했다. 서로 흙을 뿌리며 싸우느라고 내가 두 눈을 부릅뜨고 겁을 주고 있는데도 내 표정을 읽지 못하고 싸움질을 했다. 마침 아이들 줄 가운데서 왔다 갔다 하면서 비뚤어진 줄을 고쳐 주고 있던 2반 이화순 선생님이 거기 가서 싸우지 못하게 야단을 치는데도 막무가내였다. 희영이는 얼른 똑바로 서는데 고집쟁이 한규는 멈추지 않고 희영이를 집적댄다. 보다못해 내가 천천히 그 쪽으로 갔다. 내가 가는 것을 보고 얼른 제자리에 서면 그냥 돌아올 작정이었다. 나는 운동장 모임 시간에 아이들 줄 사이로 잘 가지 않고 앞에 떡 버티고 서 있는 게 보통이다.

한규가 흙을 한 줌 희영이에게 뿌리고 저만치 도망을 가서 서 있다. 빨리 와서 제자리에 서라고 손짓을 해도 고집을 피우면서 오지 않았다. 그래서 오른손을 펴 높이 들고는 다섯 셀 때까지 오지 않으면 혼난다고 엄포를 놓았다. 손가락을 하나하나 꼽아도 꿈쩍도 안 했다.

"오냐, 지금 오지 않으면 교실에 들어가서 몽둥이로 엉덩이 맞을 줄 알아!"

얼굴을 험상궂게 하고 다섯째 손가락을 꼽을 때가 되어서야 코를 씩씩 불면서 왔다. 화가 풀리지 않았던지,

"희영이가 먼저 흙을 뿌렸어요!"

말을 하는 게 아니라 고래고래 고함을 질렀다. 줄서 있던 아이들도, 앞에 서 있던 선생님들도 한규 소리에 놀라 모두들 눈길이 그리로 모였다.

"입!"

내가 두 눈을 부릅뜨고 손가락을 입에 대고 소리를 못 지르게 막았다.

운동장 모임을 마치고 교실로 들어오면서 생각을 했다. 교실에 들어가서 한규를 불러 엉덩이를 몇 차례 때리고 야단을 칠까? 아니면 그냥 둘까? 야단을 친다면 그 까닭이 무엇일까?

학교라는 곳이 그저 아이들이 제 생각을 못 하게 막는 곳, 아이들을 일정한 틀 속에 넣어 똑같은 모양으로 만들겠다고 하는 곳이 되어서는 안 되지 않는가. 선생이 가만 있으라면 있고, 오라면 오고, 가라면 왜 가야 하는지도 모르면서 가야만 모범생이 되는 곳이 학교이지 않은가. 저렇게 고집을 피우는 한규도 머지않아 컵 속에 든 물처럼 컵 모양이 되는 것에 반항하지 않는 아이가 되겠지.

그렇지만 여럿이 어울려 살아가는 사회에서 제멋대로가 아니라 공동체에 맞추어 살아가야 한다는 것도 가르쳐야 해. 제 고집만 마냥 피우게 해서는 안 돼. 학급 생활이 뭔지도 알아야 하고 때와 장소를 가려 볼 줄도 알아야 해.

이런저런 생각을 하다가 어쨌든 한규가 한 행동이 바른 것이 아니라는 것을 알게 해야겠다 싶어서 공부 시작 전에 일어서게 한 다음 야단을 쳤다. 억울한 게 있거나 할 말이 있으면 나중에 선생님에게 해야지 운동장 공부 시간에 그렇게 소리를 버럭버럭 질러서는 안 된다고 나무랐다.

한규가 내 말을 얼마나 알아들었을까? 1학년 아이가 화나는 것을 참고 있다가 나중에 선생님에게 이야기한다? 그게 될 말인가. 내가 말해 놓고

도 어처구니가 없다 싶었다. 참고 있다 보면 벌써 그 일은 지나가 버린 일이요, 잊혀진 일이 되고 만다. 결국 할 말을 못 하고 그냥 그냥 넘겨 버리라는 말이나 같다. 틀 속에서 한 발자국도 나오지 말고 그냥 있으라는 말에 다름 아니다. 어렵다. 아이들을 가르치는 일이 힘들고 어렵기만 하다.

말로만 하는 교육 현장

아이들을 다 보내고 조금은 한가하게 앉아서 일기를 쓰고 있는데 운동장 쪽에서 '펑.' 하는 소리가 굉장히 크게 들렸다. 어디서 무슨 소리가 난 것일까 싶어서 창 밖으로 고개를 빼고 내다보니 쓰레기장에서 연기가 피어오르고 있었다. 쓰레기를 태우다가 깡통이나 유리병이 터진 게 분명하다 싶어서 얼른 그리로 가 보았다. 다행히 아무런 사고는 없었다. 학교 수위 아저씨가 쓰레기를 태우고 있었다.

세상에! 학교에서 쓰레기 태우는 연기가 하늘로 치솟다니 이게 될 말인가! 며칠 전에 쓰레기장에 갔더니 차마 눈 뜨고 못 볼 모습이 펼쳐져 있었다. 쓰레기가 제자리에 버려지지 않고 들머리에까지 널부러져 있는 것도 문제지만 그것보다 버려져 있는 쓰레기의 종류가 문제다. 교실에서 모으기로 되어 있는 여러 가지 종이들이 보기 흉하게 날리고 있었다. 그 가운데는 아직 더 쓸 수 있는 것도 있었고, 한쪽 귀퉁이만 조금 잘라서 쓴 색종이도 있었다. 한두 쪽만 쓰다가 버린 공책도 있었다. 층마다 따로 모으는 통이 있는데도 병이며 깡통이 마구 뒹굴고 있었다. 참으로 기가 막힌다.

저렇게 종이를 마구 버리고도 어찌 교실에서 환경 교육을 할까? 말로만 하는 환경 교육이 어디 교육인가?

저런데도 한 달에 한 번씩 종이 모으는 날에 보면 교실마다 종이가 몇 자루씩 나온다. 우리 교실에서는 손바닥만 한 종이 하나 안 버리고 다 모으는데도 한 달에 한 자루는커녕 반 자루도 모으지 못한다. 교실이 종이를 많이 쓰는 곳이긴 하다. 그렇다고 많이 버리는 곳은 아니다.

폐휴지를 모으는 날 보면 어떤 반에서는 폐휴지를 한 보따리씩 가지고 온다. 그것도 집에서 버릴 종이가 있으면 가져오라는 게 아니라 많이 가져오게 해서 경쟁을 붙이는 모양이다. 4학년 어떤 선생님은 자기 반이 다달이 1등을 한다고 자랑을 한다. 그렇게 하니까 읽으라고 길거리에 내놓은 '교차로', '벼룩시장' 따위의 정보지를 아이들이 마구 들고 오지. 그게 어찌 자랑할 환경 교육인가?

교실에서 나오는 종이는 알뜰하게 따로 모으고 잡쓰레기는 종량제 봉투에 담아 교문 옆에 두어 날마다 쓰레기차가 가져가게 하자고 몇 번이고 이야기를 해도 그게 잘 안 된다. 이게 어찌 교육이 이루어지는 곳인가. 그저 칠판 앞에서 글자나 숫자만 열내어 가르치는 게 교육인 줄만 아는 이 잘못된 교육이 언제쯤 제자리에 바로 설까? 생각하면 가슴이 답답하기만 하다.

1998년 6월 2일 화요일. 비가 오락가락했다.
창수 그림

장차 어떤 사람이 될까를 생각하여 그것을 그림으로 나타내 보기로 했다. 아이들이 재미있게 그렸다. 남자 아이들은 경찰관이 가장 많았고, 여자 아이들은 선생님과 간호사가 많았다.

그런데 창수는 나누어 받은 도화지를 책상 속에 넣어 두고는 멍하니 앉아 있었다. 내가 가까이 가서 그림 그리는 시늉을 해 보이면서 그리라고 했더니 싫다는 표정이다. 창수는 지금 아이들이 무슨 그림을 저렇듯 재미있게 그리는지 전혀 모른다. 책상 속의 도화지와 《즐거운 생활》에 있는 야구하는 모습을 함께 내놓고 그리라고 했더니, 내 손을 잡아끌어 도화지에 대면서 자꾸만 그려 달란다. 내 책상까지 와서 그림을 그려 달라고 자꾸만 "윤태규 선생님, 어어어." 하길래 《즐거운 생활》 책에 있는 야구하는 사람의 윤곽을 손가락으로 그리고 그 윤곽을 도화지에 그리는 시늉을 해 보이면서 연필을 잡은 창수 손을 도화지에 끌어갔더니, 사람 얼굴을 둥그렇게 그렸다. 그렇게 해 놓고는 살색 크레파스를 들고 또 나한테 그것을 칠해도 되느냐고 "윤태규 선생님, 어어어." 한다. 고개를 끄덕여 줬더니 좋아라 칠했다. 눈도 그리고 코도 그리고 입도 그렸다. 잘 그렸다고 엉덩이를 툭툭 쳐 주니 들었던 크레파스를 놓고 내 귀를 만졌다. 창수가 기분이 좋으면 나한테 하는 행동이다. 목과 몸통도 그리라고 《즐거운 생활》 책에 있는 그림을 가리키면서 윤곽을 손가락으로 그려 줬더니 따라 그렸다. 색칠도 했다. 내가 창수 손목을 잡고 야구방망이를 함께 그렸다. 다 그리고 나서 노란색을 집어서 바탕색을 칠했다. 좋아서 펄쩍펄쩍 뛰면서 칠했다. 야구하는 사람 몸뚱이에 노란 바탕색이 칠해지지 않도록 용케도 조심해서 칠했다.

야구하는 그림이 바탕색 때문에 잘 드러나지 않아서 검은색으로 테두리를 그리라고 시늉을 하니 그것도 금방 해치웠다. 물론 줄이 비뚤비뚤해서 밑그림과는 다르게 줄을 긋기도 했지만. 그림에 귀가 없길래 내 귀를 가리키면서 검은색 크레파스를 줬더니 그걸 놓아 버리고 살색을 들고 그렸다. 내가 틀리고 창수가 맞다. 귀가 살색이지 어찌 검은색인가. 노란색 바탕 위에 살색을 칠해 놓으니 잘 보이지는 않지만 그렇게 그림이 완성되었다. 이름을 쓰라고 했더니 그림 뒷장에 노란색으로 김창수라고 크게 썼다. 그림 그리기가 끝났다. 오늘 창수는 그림을 재미있게 그렸다.

창수야, 미술 학원 가거라

아침 운동을 갔다 와서,

'아이들을 이틀이나 안 봤더니 보고 싶네. 얼른 학교에 가야지.'

이런 생각을 했다. 자연스런 마음이 아니라 억지로 떠올려 본 마음이다. 그러면서. 우리 아이들을 떠올려 보았다. 그런데 웬일인지 아이들이 보고 싶어지지가 않는다. 억지는 억지일 수밖에 없구나. 왜 이렇게 억지 생각을 했느냐 하면 이틀 동안 연거푸 놀았기 때문에 월요일 학교 가는 발걸음이 무거울까 봐서 그랬다. 그런데도 출근길이 가벼워지거나 아이들이 보고 싶어지지 않는 까닭은 무엇일까?

학교에 들어서니 차가 한 대도 없다. 1등으로 출근을 한 것이다. 쓰레기를 하나 주워서 버렸다. '교문에 들어서자마자 쓰레기 하나 줍기'는 우리 반 아이들과 함께 실천하는 약속이다. 현관에 들어서니 일찍 와 있던 다슬이가 두 팔을 벌리고 쫓아와서 안겼다. 힘이 생겼다.

첫째 시간에는 재미있는 숙제 이야기를 하다가 보리 서리, 밀 서리, 감자 서리 이야기로 한 시간을 보냈다. 지난 재미있는 숙제가 '들판에 가서 보리 살펴보기'였다.

점심을 먹고 집에 갈 때가 되면 창수는 언제나 복도에 나가서 가방을 신장 위에 놓고 서 있다. 거기 서 있다가 어머니가 오면 함께 미술 학원에 간다. 창수 어머니가 오지 않을 때는 내가 나가서 "창수야, 미술 학원." 이렇게 말하면 "미술 학원?" 되받아 말을 하고는 가방을 메고 간다. "윤태규 선생님, 안녕하세요?" 이렇게 인사를 하고 말이다.

오늘은 창수네 분단이 청소이다. 그래서 청소를 좀 시켜 보려고,

"창수야, 청소하자."

이랬더니 청소라는 말을 알아들었는지 싫다는 표정을 지으면서 뭐라고

소리를 질렀다.

"창수야. 이렇게 쓸자."

바닥을 쓸면서 따라 하라고 하니 또 소리를 지르면서 두 손으로 귀를
막았다. 창수가 가장 싫을 때 하는 행동이다. 안 되겠다 싶어서,

"창수야, 미술 학원 가거라."

했더니 그제야,

"미술 학원?"

하면서 가방을 찾아 메고 신을 꺼내 들었다. 창수를 따라서 현관까지 갔
다. 창수가 가다가 뒤돌아보고 뒤돌아보고 하였다. 교문 가까이 가더니
측백나무에 오줌을 눴다. 현관 쪽에 있던 아이들이 그것을 보고 히죽히
죽 웃었다. 창수는 둘레의 눈들은 아랑곳하지 않고 볼일을 끝내고 교문
으로 나갔다.

1998년 6월 10일 수요일. 쾌청한 날씨다.
종이를 아껴 쓰는 우리 아이들

오늘도 창수는 그냥 우두커니 하루 종일 자리만 지켰다. 도무지 무엇
을 어떻게 도와 주어야 하나? 아침 시간과 첫째 시간에는 망원경을 만들
었는데 창수는 그냥 앉아 있기만 했다. 준비물을 주려고 하니 안 받으려
고 떼를 썼다. 두 손을 내젓는다. 두 귀를 막는다. 하기야 도화지를 말아
서 망원경 통을 만들고 거기에다 색종이를 붙이고 종이 테이프로 셀로판
종이를 붙이는 복잡한 일을 창수는 흉내도 낼 수 없다.

국어 시간에 짧은글짓기를 할 때도 마찬가지다. 창수에게 어떻게 설
명을 해서 그 공부를 하게 한단 말인가? 아이들이 짧은 글을 쓰는 동안
에 나는 창수 곁에 가서 그냥 창수와 장난만 조금 쳤을 뿐이다.

우리 아이들은 종이로 무엇을 만들 때 종이 아껴 쓰기를 아주 잘 한다. 색종이도 아껴 쓰고, 셀로판 종이도 아껴 쓴다. 마룻바닥에 손톱만한 종이 한 장도 흘리지 않는다. 뒷정리할 시간이 되면 일찍 정리를 끝낸 아이 몇몇이 비닐 봉지를 들고 다니면서 다시 쓸 만한 종이를 모으기도 하고 잡쓰레기통에 넣을 아주 작은 종이 조각을 모으기도 한다. 그래서 뒷정리가 아주 깨끗하게 된다. 이런 버릇은 1학년 때부터 몸에 배도록 해야 한다. 이런 것이 버릇되어 있지 않으면 아무리 잔소리를 해도 만들기 공부가 끝나고 보면 쓰레기통이나 폐휴지통에 쓸 만한 종이가 그대로 버려진다.

1998년 6월 11일 목요일.

짧은글짓기

짧은글짓기를 했다. 아이들의 글쓰기 지도에서 처음 시작하는 이 짧은글짓기가 참으로 중요하다 싶어서 정신차려서 수업을 했다. '전학'이라는 낱말을 할 때는 '영수는 전학을 갔습니다.' 이렇게 하는 아이가 없도록 하려고, 지희가 전학을 갈 때 우리 반에서 울고불고했던 이야기를 함께 되짚어 보기도 하고, 전학을 갔다가 다시 온 아란이 이야기, 우리 반으로 전학을 온 명환이 이야기를 서로 주고받다가 그 이야기를 쓰도록 했다.

문장 속에 낱말을 직접 써 봄으로써 낱말의 뜻을 알게 하는 짧은글짓기도 반드시 아이들 자신의 생활 속에서 가져와야만 진실되고 생생한 글을 쓸 수 있기 때문이다.

교실 꾸미기

교실 모양을 바꾸었다. 복도 쪽에 붙여 놓았던 진열장을 옮겨서 뒤쪽에 방을 만들었다. 방 하나는 책 읽는 방이고, 또다른 방 하나는 놀이방이다. 작년에 방을 만들어 놓았던 곳인데 너무 너절한 것 같아서 3월에 없앴다. 거기에 다시 방을 만들고 창고에 처박혀 있던 장판을 가지고 와서 알맞게 잘라 깔았다. 그렇게 만들어 놓으니 참 아기자기한 방이 되었다. 아이들이 거기에서 배를 넙죽 대고 엎드려 놀든지 책을 읽든지 했으면 좋겠다는 생각으로 만들었다. 또 3월에 만들어 놓았던 음지 식물 동산도 들어 내고 그 자리에 진열장을 두 개 갖다 놓고 바닥에는 장판 블록을 깔았다. 그러고는 사물함 위에 있던 장난감을 갖다 늘어놓았다. 그러니까 작은 방 세 개를 만든 것이다. 문을 요리조리 내놓으니 마치 장난감 미로 같았다. 4학년 박은지, 김이슬, 문제웅, 장수영이 와서 도와주어서 쉽게 할 수 있었다.

아이들은 넓게 터진 공간보다 아기자기하게 닫혀 있는 공간을 참 좋아한다. 자기들이 만들어서 본부라고 하며 노는 공간보다야 못하겠지만 이렇게 꾸며 주는 공간이라도 좋아한다.

1998년 6월 16일 화요일. 덥다.
놀이방

지금은 아침 시간. 교실 뒤편 놀이방에서 아이들 아홉이 모여서 소곤소곤 이야기를 나누며 재미있게 놀고 있다. 책 읽는 방에서는 네 아이들이 편하게 앉아서 책을 읽고 있다. 가애와 유진이는 전화기 두 대를 가지고 서로 줄을 매어 전화 놀이를 하고 있다. 내 책상 곁에 있는 녹음기에서는 잔잔하게 노래가 나오고 있다. 누구 하나 그 노래에 귀를 기울이지 않지만 이 즐겁고 상쾌한 분위기를 만드는 데 한몫하고 있다.

창수는 혼자 자리에 앉아서 《슬기로운 생활》을 펴 놓고 그림을 보고 있다. 언뜻 보면 아주 열심히 아침 공부를 하고 있는 것 같다.

1998년 6월 17일 수요일. 꽤나 덥다.
선생님을 찾아서

출근을 하자마자 유리창을 활짝 열어 놓고 화분에 물을 주고는 교무실에 가서 일을 좀 했다. 밀린 공문도 묶고, 며칠 전에 받아 놓은 공문도 혹시나 보고할 것이 없나 자세히 읽어 보았다. 그러고는 체격 검사 수치를 컴퓨터에 쳐 넣고 막 뽑으려고 하는데 다슬이와 혜영이가 교무실까지 찾아왔다. 내가 앉아 있는 걸상까지 와서 말은 하지 않고 몸을 자꾸 비빈다.

교실에 들어서면 늘 내가 교실에서 저희들을 맞이하는데 어쩌다가 내가 없으면 서운한 모양이다. 이렇게 나를 찾아 헤매는 일이 한두 번이 아니다. 자식들.

1998년 6월 20일 토요일. 쾌청하다.
나는 어른이 아니다

생각할수록 나는 어른이 못 된다 싶다. 바른 생활 시간에 '즐거운 학교 생활' 공부를 하다가 아이들에게 이렇게 물어 보았다.

"학교에 오기가 싫은 사람?"

절반이 넘게 손을 들었다.

'어어, 이 자슥들 봐라. 내가 저희들에게 얼마나 잘 해 주는데 학교가 오기 싫어?'

속이 은근히 상했다. 그게 당연한데도 말이다.

"내가 월요일에 출장을 갈 것 같은데, 내가 학교에 안 오면 좋으니?"

"예, 좋아요."

좋다고 대답하는 놈들이 몇이 있었지만 대부분의 아이들이,

"안 돼요. 가지 말아요."

이런다. 혜진이와 현진이가 쫓아 나와서 가면 안 된다면서 내 옷을 잡아당겼다. 이놈들이 내 눈치를 읽었나?

"이놈들아, 지금이 아니고 월요일 말이다."

아이들이 출장을 가지 말라고 말리는 바람에 조금 전에 언짢았던 마음이 가라앉았다.

사실 월요일에 출장을 갈 수도 있어서 그렇게 아이들에게 물어 보았던 것이다. 며칠 전에 대구 교육 대학교 유승희 교수에게서 전화가 왔는데 이번 일요일에 영해에서 열리는 '열린 교육 세미나'에 좀 참가해 달라는 부탁이다. 교대 교수 15명, 현장 교사 4명, 학부모 5~6명이 참가하는 행사란다. 거기에 와서 학교 현장의 이야기, 열린 교육에 대한 견해와 비판의 이야기를 해 달란다. 유 교수 이야기로는 밤새워 토론을 한다고 하였다.

아이들을 보내고 교무실에 오니 그 열린 교육 세미나에 좀 나와 달라는 공문이 와 있었다. 교장과 교감은 가라고 했지만 아이들을 두고 가려니까 마음이 걸렸다. 일요일 일직을 일단 이화순 선생님과 바꿔서 출장 신청을 내놓고 퇴근을 했다. 일요일 새벽에라도 집에 닿으면 월요일에 출근을 할 수 있을 것 같아서다.

퇴근한 뒤 아무리 생각해도 월요일 정상 출근이 어려울 것 같다. 아무

리 좋은 행사라고 해도 우리 교실을 비워 두고 출장을 간다는 것은 어딘가 앞뒤가 안 맞는 것 같아서 유승희 교수에게 참석을 못 한다고 전화를 했다. 몹시 서운해했다. 미안했다.

일기 쓰기 준비

지금 3학년인 아이들이 1학년 때 쓴 일기를 두 편 복사해서 아이들에게 나눠 주고 함께 읽으면서 일기에 대한 이야기를 했다. 그 일기는 사실 잘 쓴 것이 아니라 못 쓴 일기다. 글자도 틀린 곳이 많고 말도 잘 안 되는 문장이 있는 글이다. 하지만 아주 잘 쓴 일기라고 입에 침이 마르도록 칭찬을 했다. 이런 공부가 벌써 두 번째다. 7월 1일부터 일기를 쓰는데 그 준비 단계 공부이다. 그런데 문제는 이쯤 공부하면 아이들이 우리도 일기를 쓰자고 졸라 대기 시작해야 하는데 그게 아니다. 시큰둥하다. 이거 큰일이다 싶었다.

"참 잘 썼지?"

이러면 "뭐가 잘 썼어요?", "나도 이만큼 쓸 수 있어요." 이래야 하는데 그냥 "예." 하고 대답한다. 이게 아닌데.

"우리도 일기 한번 써 볼까?"

이랬더니 "싫어요." 이러면서 마구 손을 내젓는 아이가 써 보자고 하는 아이보다 훨씬 많다. 이게 아닌데 싶어서 말로 일기를 써 보기로 했다.

"얘들아, 우리 오늘 일기를 말로 써 보자. 먼저 오늘 일 가운데서 어떤 이야기를 일깃감으로 할까 생각해 두어라. 조금 뒤에 말로 일깃거리를 발표해 보겠다."

시간을 준 뒤에 1분단부터 차례대로 생각해 둔 이야기를 말해 보자고 했다.

"저는 오늘 학교에 오다가 논에서 백조를 봤어요. 그걸 쓰겠어요."

"동생이 학교에 따라올라 해서 못 오게 했는데 동생이 울었어요. 그걸 쓰겠어요."

"영준이가 놀려서 울었던 이야기를 쓰겠어요."

"첫째 노는 시간에 비가 오는데도 공차기를 했는데 그 이야기를 쓰겠어요."

아이들이 제가 정해 둔 이야기를 잘도 한다. 말로 일기 쓰기는 성공이다 싶다. 아이들이 이야기를 할 때마다 나는 깜짝깜짝 놀라면서 감탄을 하는 시늉을 했다.

"이야, 그 이야기를 일기로 쓰면 진짜 재미있겠다. 이 세상에서 가장 훌륭한 일기가 될 것 같구나."

이러면서 칭찬을 해 주었다. 이야기를 돌아가면서 한 뒤에 이번에는 그 이야기를 손가락으로 책상 위에 쓰기로 했다.

먼저 책상 위에 '1998년 6월 25일 목요일, 하루 종일 비가 내렸다.' 하고 다 같이 쓰고 그 밑에 괄호를 하고 일기 제목을 쓰라고 했다. 그러고는 첫 줄부터 자세히 써 나가자고 했다.

아이들이 책상 위에 손가락으로 열심히 써 갔다. 어떤 아이들은,

"선생님, 제목 바꿔도 돼요?"

"다른 걸로 써도 돼요?"

이러기도 했다. 열심히 쓰고 있다는 증거다. 일단 성공이다. 나는 분단 사이로 다니면서,

"자, 얼마나 잘 썼나 보자."

이렇게 싱겁을 떨기도 했다.

"선생님, 모르는 글자 있으면 ○ 하고 써도 되지요?"

"그렇지, 그렇고말고."

열심히 일기를 쓰고 있는 아이들을 보니 신이 났다. 어느만큼 됐다 싶을 때 그만 쓰게 하고는,

"얘들아, 책상 위에 이렇게 쓰지 말고, 우리, 공책에다 직접 쓰면 어떨까?"

이렇게 물어 보았다. 공을 들인 만큼 반응이 좋으리라고 생각을 했는데 대답은 역시 "싫어요." 하면서 손을 내저은 사람이 "예, 써요." 하는 아이보다 훨씬 많았다.

다음에 또 더 좋은 방법을 생각해 보기로 하고 슬기로운 생활 공부를 했다.

거짓말 대회

아이들을 막 보내고 나니 특수반 선생님한테서 전화가 왔다. 오늘 일곱째 시간에 강당에서 웅변 대회를 하는데 심사 좀 해 달란다. 6·25 전쟁 48주년을 맞아 교내 웅변 대회를 한다는 소리를 듣고 또 그런 꼭두각시 놀음을 하는구나 하고 들어 넘겼는데 그 심사를 내게 부탁하는 거다.

그런 거짓말 대회, 아이들을 망치는 놀음에 나는 절대 심사를 맡을 수 없다고 했더니, 그러지 말고 좀 해 달라고 부탁 부탁을 했다. 이미 결재를 다 맡아 놓았다면서 미안해했다.

특별 활동 시간에 우리 반에 온 아이들에게 오늘 웅변 대회에 나가는 사람 있느냐고 알아보았더니 3학년 안정호가 나간단다. 안정호는 1학년 때 내가 담임했던 아이다. 원고는 어떻게 준비했느냐고 물어 봤더니, 자기가 쓴 것을 선생님이 고쳐 주었단다.

아이들 모두에게,

"웅변 원고는 어떤 종류의 글이지?"

이렇게 물었더니 아이들이,

"주장하는 글입니다."

"논설문입니다."

했다. 그래서 내가 주장하는 글을 거짓으로 쓰면 안 되듯이 웅변 대회는 절대 거짓말하기 대회가 되어서는 안 된다는 이야기를 했다. 아이들이 모두 고개를 끄덕였다.

특별 활동을 마치고 웅변 대회가 열리는 2층 강당으로 갔다. 참가한 아이가 모두 19명이다. 안정호가 첫 번째 발표자인데 연단에 올라서더니만 말을 못 했다. 긴장해서 그런 모양이다. 한숨만 푹푹 쉬었다. 할 수 없이 다음 차례 아이가 먼저 했다. 정호가 두 번째로 올라와서 하기는 했는데 찔찔 울면서 했다. 내가 거짓말 주장을 펼치지 말라고 했던 말이 부담이 되어서 그런가? 그렇다면 다행이다. 정호 하나만이라도 이 행사를 계기로 주장은 거짓으로 하는 것이 아니라는 것을 분명하게 배웠을 테니까 말이다.

웅변은 누구 하나 빼놓을 것 없이 거짓말 시합이었다. 누가 누가 거짓말을 잘 하나다.

어떤 아이가 아버지로부터 할아버지를 따라 피란을 갔던 이야기를 들었다면서 그 이야기를 마치 진짜로 들은 이야기처럼 늘어놓았다. 세상에 저럴 수가 있나? 6·25가 언제 일어난 일이고 자기 아버지 나이가 도대체 몇인데 할아버지를 따라 피란을 갔단 말인가? 70년대의 웅변 원고에서 베껴 써 온 것이 틀림없다. 그럼 그렇다고 해야지, 능청스럽게 거짓말을 하면서 두 주먹을 불끈 쥐고 흔들어 대? 이러고도 세상이 바르게 굴러가길 바래?

제 말이 아니니까 말도 어려운 한자말 투성이다. 어떤 아이는 "학우 여러분" 하는데 저도 처음 보는 낱말이라서 자꾸만 '학꾸'라고 했다.

도저히 분을 참지 못해서 강당을 나오기가 무섭게 컴퓨터에 앉아서 선생님들에게 돌릴 쪽지를 만들었다. 내일 아침에 돌릴 참이다.

〈다 같이 생각해 봅시다〉

어제 교내 6 · 25 웅변 대회에서 우리 아이들이 쏟아 낸 말들입니다.
—비애, 불신, 갈등, 유일한 분단국, 조국, 이산 가족, 위기, 비축, 행렬, 보도, 역부족, 기습 공격, 인해 전술, 물자 수송, 남진, 구축, 학우, 동족 상잔, 사선, 주변 정세, 긍정적으로 조성.

"나는 6 · 25를 모르지만 할아버지를 따라 어린 나이에 피란을 간 부모님께 들은 이야기입니다."

우리 아이들 부모님의 나이가 몇일까요? 그리고 6 · 25가 일어난 해는 지금부터 얼마 전이고요? 웅변 대회가 통일에 도움이 될 것인가 하는 문제에 앞서 적어도 거짓말 잔치가 되어서는 안 되겠지요.

1998년 6월 26일 윤태규.

1998년 6월 26일 금요일. 바람이 많이 불고 비도 많이 내렸다.

창수와 나는 많이 닮았다

교실에 들어서니 7시 25분, 오늘도 내가 1등이다. 요사이 우리 반 아이들 가운데서 다슬이나 지웅이 같은 아이가 워낙 일찍 와서 내가 1등을 못 할 때가 있다. 장마철이라 교실에서 퀴퀴한 냄새가 났다. 바람이 심하게 불어서 문을 열 수도 없다. 그래서 복도 출입문과 북쪽 창만 활짝 열었다.

바람이 세게 부니, 닫아 둔 교실 남쪽 창문 틈에서 이상한 소리가 났다. 마치 방귀 뀌는 소리 같다. 일정한 시간 간격을 두고 이상한 소리를 냈다. 아이들이 오면 저 소리가 재미있다고 깔깔거릴 게 틀림없다.

내 예상이 딱 맞았다. 아란이가 나에게 매달리다가 그 소리를 들었다. 그러더니 그 소리가 우습다고 야단이다. 혜진이도 깔깔거렸다. 아이들의 관심에 맞추듯 적당한 간격으로 바람 소리가 났다. 어떤 아이들은 방귀 냄새 난다고 코를 막고 능청을 떨었다.

첫째 시간을 마치고 서쪽 현관으로 갔다. 교실은 덥고 답답한데 그 곳에 가니 바람이 불어서 속이 다 시원했다. 창수가 졸졸 따라왔다. 창수가 비가 내리는 밖으로 나가려고 해서 "창수야!" 하고 불러서 못 나가게 했다. 비가 바람에 날려서 우리가 서 있는 현관까지 뿌렸다. 이상하게도 창수말고는 우리 반 아이들이 한 사람도 따라오지 않았다. 다른 날 같으면 내가 거기 서 있으면 매달리고 난리일 텐데, 오늘은 웬일인지 창수와 둘이 비가 오는 운동장을 바라보면서 서 있었다.

창수는 내 손을 꼭 잡고 둘이만 있는 게 좋은지 팔짝팔짝 뛰었다. 창수는 제자리에서 팔짝팔짝 뛰기를 잘 한다. 그래서 아이들이 창수에게 개구리라는 별명을 붙여 주었다. 창수는 아이들이 자기를 개구리라고 부르는지도 모른다. 창수가 내 손을 만지작거려 보기도 하고, 앞에 와서 안기기도 하다가, 내 팔을 잡아당겨 냄새를 맡기도 했다. 창수는 내 곁에만 오면 내 냄새를 맡는다. 내가 앉아 있어서 자기와 키 높이가 같으면 내 귀에다 입을 대어 보기도 하고 코를 대고 냄새를 맡기도 한다.

창수는 지금 양말을 벗은 맨발이다. 나도 맨발이다. 창수와 나는 같은 점이 참 많다는 생각이 문득 들었다. 창수도 뚱뚱하고 나도 뚱뚱하다. 창수는 제 나이에 견주어 생각이 못 미친다. 나 역시 내 또래 사람들에게 못 미치는 게 참 많다. 나도 창수보다 나을 게 없다.

현관문에 바짝 붙어 있어도 날아온 비가 바짓가랑이를 적셨다.

"창수야, 가자."

창수 손을 잡고 교실로 들어왔다.

네 시간 마칠 때쯤에 고등 학교 때 동무인 근국이한테서 전화가 왔다.

근국이는 고등 학교를 졸업하고 경찰 생활을 하다가 지금은 작은 건설 업체의 이사로 있다. 근국이는 나를 만날 때마다 불쌍한 초등 학생 아이와 동무가 되고 싶다는 말을 했다. 그 일 때문에 우리 학교에 올 마음을 먹은 모양이다.

우리 반 배재은을 소개시켜 줄까 하다가 재은이는 할아버지도 아버지도 계시고 해서 5학년 1반 홍명숙이라는 아이를 소개시켜 주었다. 그 아이는 작년에 4학년 3반 김정미 선생 반이었는데, 언뜻 지나가는 말을 들어 보니 참으로 불쌍한 아이였다. 명숙이도 부모는 다 있다. 그러나 아버지는 알코올 중독자이고 어머니는 집을 나갔다. 그래서 명숙이는 아버지를 피해 고모 집에서 살고 있단다.

근국이는 부자도 자선 사업가도 아니다. 그러나 의지할 곳 없이 힘들게 살아가는 아이에게 작은 힘이 되어 주고 싶어서 그런단다. 참으로 훌륭한 생각이다.

오늘은 명숙이를 데리고 가서 저녁을 같이 먹겠단다. 첫 만남, 명숙이가 서먹해하겠지.

7월

1998년 7월 6일 월요일. 덥다. 무척 덥다.

뒷산

둘째 시간에 아이들과 뒷산에 갔다. 들판에 있는 메뚜기, 방아깨비, 잠자리 따위의 곤충을 살펴보자고 했지만, 갔다 와서 학교에서 일기를 함께 썼으면 하는 속셈으로 갔다. 장마철이라서 평상시에는 바싹 말라 있던 도랑에 물이 졸졸 흐르는 데가 여러 곳이 있었다. 제법 큰 웅덩이에 물이 가득 고여서 거기서 한참을 놀다가 뒷산으로 올라갔다. 올라가는 길에 산딸기가 있어서 따 먹었다. 서로 따겠다고 야단들인데 정작 따서는 먹지 않는다. 입에 넣었다가도 "패패." 뱉어 냈다. 내가 "아이구, 달고 맛있다." 하면서 먹으니까 따라 먹는 아이도 있었지만 맛있게 먹지는 않았다. 하기야 공장에서 나온 과자들보다는 덜 달겠지.

뒷산으로 올라가서 나무 그늘에 앉아서 수박 냄새 나는 풀을 뜯어 냄새를 맡아 보기도 했다. 가까이서 뻐꾸기가 울었다. 아이들이 뻐꾸기 흉내를 곧잘 내었다. 잔디가 잘 다듬어진 무덤가에 앉아서 놀았는데 아이들이 뒹굴면서 놀지는 않고 자꾸만 학교로 가자고 졸랐다. 벌에 쏘였느니, 쐐기에 쏘였느니 말이 많았다. 내려오는 길에 딸기가 있어서 그걸 따 먹고 있는데 남자 아이들이 저만치 내달았다. 뒤에서 보니 웃옷을 훌훌 벗고 벌거숭이가 되어 달렸다. 뒤따르던 남자 아이들이 모두 벌거숭이가 되었다. 여자 아이들과 나는 그것을 보고 마구 웃었다.

교실에 들어와서,

"웃통 벗은 놈들 다 이리 나와!"

소리를 버럭 질렀더니 자식들이 옷을 실실 끼워 입으면서 앞으로 걸어 나왔다.

"빨리 등나무 교실 옆 수도에 가서 등물하고 와!"

"야!"

야단맞을까 봐 눈치를 보던 자식들이 신이 나서 우르르 몰려 나갔다. 내가 이런 좋은 기회를 놓칠 리가 있나. 수건을 찾아 들고 슬슬 따라나가서 수돗가에서 신나게 놀고 있는 놈들을 차례로 등을 밀어 주었다. 등을 탁탁 때리면서. 자식들이 좋아서 연신 헤헤거렸다.

교실에 들어와서,

"얘들아, 우리 뒷산에 간 것 잊어버리기 전에 일기장에 쓸래?"

했다. 그러자는 아이도 있고 싫다는 아이도 있다.

"쓰자. 지금 쓰면 아주 재미있게 자세히 쓸 수 있을 거야."

칠판에다 열 칸 공책을 그려 놓고 날짜와 날씨를 쓰고 제목까지 '뒷산 가기'로 적었다. 시계를 보니 12시다. 12시라고 공책 위에다 희미하게 적어 두게 하고는 눈을 감게 했다. 그러고는 산으로 떠날 때부터 아이들이 수돗가에서 등물을 한 이야기까지 죽 해 주었다. 쓰다가 생각이 안나면 눈을 감고 타임 머신을 타라고 말해 두고는,

"시작!"

이라고 큰 소리로 말했다. 10분쯤 지나니까 벌써 한 쪽을 넘기는 아이가 있었다.

"나는 두 쪽을 썼다."

"나는 세 쪽을 썼다."

자랑을 하면서 쓴다. 대규가 눈을 감았다 떠올렸다 하면서 쓰길래 잘

한다고 칭찬을 해 주었더니 다른 아이들도 대규를 따라 하였다. 이게 학교에서 일기를 함께 쓰면서 하는 공부의 좋은 점이다.

12시 20분쯤 되니까 다 썼다는 아이가 하나 둘 나왔다. 30분쯤 되니 제법 많은 아이들이 다 썼다고 했다. 덜 쓴 아이들은 집에 가서 끝내기로 하고 마무리를 했다.

1998년 7월 7일 화요일. 덥다. 무척 덥다.
맨발의 청춘

넷째 시간에 아이들과 운동장으로 나갔는데 한 사람도 빠짐없이 양말을 다 벗어 놓고 맨발로 갔다. 나도 역시 맨발로 나갔다. 두 줄로 죽 서서 운동장가 그늘 밑으로 걸어서 모래밭으로 갔다. 비가 온 뒤라 모래가 단단하게 굳었다. 그걸 발로 파고 손으로 파면서 놀았다. 물기 있는 모래를 수북이 쌓아서 거기에 발을 묻어 보라고 했더니, 그 시원한 감촉이 좋은지 자꾸 한다.

모래성도 쌓고, 두꺼비집도 짓고, 막대 쓰러뜨리기 놀이도 하면서 재미있게 놀았다. 점심 먹을 시간이 되어서 들어가자니까 더 놀고 싶단다.

수돗가에 옹기종기 모여 발과 손을 씻고 교실에 들어와서 알림장을 쓰고 점심을 먹었다. 마치면서 일깃감으로 맨발로 모래더미에서 놀았던 이야기를 써도 되겠구나 하는 말을 해 주었다.

손님

아침부터 우리 반에 손님이 한 사람 왔다. 창수의 개인 언어 치료사라는 사람이다. 창수가 학교에서 생활하는 모습을 살펴보고 싶다고 한다. 좋은 방법이다 싶어서 그렇게 하라고 했다. 교실 뒤편에 동그란 걸상 한 개를 마련해 두었다.

평소에는 창수 가까이 자주 가서 이런저런 지도를 하기도 했지만 오늘은 그만두었다. 가만히 두어야 창수의 참모습을 그대로 볼 수 있을 것 같고, 또 나에게 창수를 위한 특별한 프로그램이 없다는 사실을 그대로 보도록 하기 위해서다.

수업 참관을 모두 마치고 창수 어머니, 언어 치료사, 나 이렇게 셋이서 등나무 교실에 앉아 이야기를 나누었다. 별 뾰족한 대안이 있을 수가 없다. 치료사는 함께 훈련한 것들이 교실에서 전혀 나타나지 않는다면서 몹시 속상해했다. 당연히 그럴 것이다. 교실과 연계된 또다른 치료나 훈련 방법을 시사받은 것이 소득이라면 소득일 것이다.

교실에서 창수가 앉는 자리를 두고도 어디가 알맞을까를 함께 생각해 봤지만 그 또한 신통한 방법이 없었다. 자리를 세 번이나 옮겼지만 여기다 싶은 곳이 없다. 앞으로 자주 참관하라는 것으로 내 이야기를 끝냈고 치료사도 그렇게 하겠다고 했다. 창수는 우리가 제 걱정을 하는지도 전혀 모르는 채 곁에 앉아 있었다.

대규의 착각

대규 일기를 보니 처음부터 끝까지 내 욕이다. 숙제가 너무 많아서 울면서 했단다. 나는 깜짝 놀랐다. 평소에도 숙제를 많이 내주지 않을 뿐더러 어제도 읽기 숙제를 조금 냈을 뿐이다. 아무리 길어도 30분 안에 다 할 수 있도록 낸다. 어제 숙제는 10분이면 끝낼 양이다. 그런데 숙제가 많아서 욕을 하면서 했다니? 세상에 이럴 수가 있는가! 알고 보니 읽으라고 내준 숙제를 대규는 공책에 써 오라고 한 것으로 알고 무려 공책 열세 장을 썼단다. 그러니 욕을 하고말고다.

숙제하느라 고생은 했지만, 일기에 나를 욕하는 글을 쓴 것은 다행이라는 생각이 들었다. 아니, 반가웠다. 일기는 이처럼 정직하게 써야 하는 것이다.

풍선초

교과도 다 배우고 해서 아이들과 여러 가지 씨앗을 도화지에 붙이기를 했다. 아이들이 아주 재미있게 잘 했다. 창수는 이럴 때 당연히 혼자 노는 것으로 되어 있다. 모둠 아이들이 같이 하자고 해도 싫단다. 하기야 창수가 이 일에서 무엇을 맡아 하겠는가?

창가에 주렁주렁 매달려 누렇게 익은 풍선초 열매를 큰 비닐 주머니 가득 땄다. 붙일 씨앗이 모자라는 모둠에게 나누어 주기도 하고 또 다 익었으니 따 놓을 생각이다. 내 책상 위에 풍선초 열매를 담은 비닐 주머니를 갖다 놓고 까기 시작했다. 말라비틀어진 풍선초 껍질을 벗기고 씨앗을 따로 빼내는 일이 꽤나 손이 많이 갔다. 창수를 불렀다. 이런 단순한 일은 창수도 할 수 있을 것 같아서다.

한 꼬투리 안에 씨앗이 보통 세 개씩 들어 있었다. 어떤 것은 두 개가 들어 있고, 또 어떤 것은 달랑 한 개뿐인 것도 있었다. 풍선초 주머니가 실한 것은 세 개가 들어 있지만 주머니가 작고 약한 것은 두 개나 한 개가 들어 있었다. 이게 맞다. 자기 처지도 생각지 않고 괜히 욕심을 내어 씨앗 세 개를 키우다 보면 씨앗 하나도 제대로 못 키우게 될까 봐 그랬을 것이다. 이 얼마나 놀라운 자연의 지혜인가! 처음부터 아예 씨앗 한 개를 만들어 키운 것도 있고, 처음에는 세 개를 만들었으나 키우다가 힘이 모자라 두 개는 쭉정이로 만들고 한 개만 충실히 키운 열매도 있었다. 처음부터 한 개를 달랑 만든 놈은 아예 두 개나 세 개를 키울 가망이 없어서 그랬을 것이고, 세 개를 만들어 키우다가 두 개에게는 영양을 끊고 한 개만 남겨 충실히 키운 것은 처음에는 형편이 괜찮았으나 키우면서 사정이 달라진 모양이다. 참으로 놀랍다. 이런 생각을 하니 씨앗에다 본드를 발라서 도화지에 붙이는 일이 과연 잘 하는 일인가 하는 생각이 들었다. 멀쩡하게 살아 있는 생명을 가지고 공부라는 이름으로 장난을 치다니. 풍선초 씨앗의 눈이 나를 빤히 쳐다보는 듯하다. 풍선초 씨앗은 진짜 동물 눈처럼 생겼다.

내 책상 옆에 오르간 걸상을 갖다 놓고 창수를 앉게 했다. 그러고는 둘이서 부지런히 풍선초 주머니를 까서 컵에 담았다. 창수가 아주 손을 잘 놀려 깠다. 씨앗을 컵에 담고, 껍데기는 껍데기 모으는 곳에 놓고……

"창수야, 이게 뭐지?"

"콩."

맞다. 콩처럼 생겼다.

"콩이 아니고 풍선초 씨앗이야. 풍선초 씨앗."

한참 까다가 또 물었더니 역시 콩이란다. 다시 똑같이 되풀이해서 가르쳐 주었다. 한참 까다가 다시 물어 보았다.

"창수야, 이게 뭐라고 했지?"

"풍선초."

"그래, 풍선초 맞다, 풍선초."

이러면서 창수 귀를 만져 주었더니,

"풍선초, 풍선초."

하면서 팔짝팔짝 뛰었다.

공부를 다 하고 집에 갈 때쯤 되어서 창수에게 또 물어 보았다.

"창수야, 이게 뭐지?"

창수가 한참 생각하다가 "풍." 한다. 콩이라고 하지 않고 분명 '풍'이라고 했다.

"그래, 맞다. 풍선초."

그랬더니 창수가 또 팔짝팔짝 뛰면서,

"풍선초."

했다.

1998년 7월 20일 월요일. 덥다.

선생님, 보고 싶을 거예요

방학이다. 몸과 마음이 홀가분하다. 긴 방학을 어떻게 보낼까? 자세한 계획은 없지만 해 보고 싶은 것은 많다. 그러나 이 일 찔끔, 저 일 찔끔 이러면서 어영부영 긴 40일을 다 보내 버리고 말겠지.

창수 어머니가 사진기를 가지고 와서 우리 반 아이들 얼굴을 하나하나 크게 좀 찍어 달란다. 얼굴 사진을 크게 빼서 방학 동안에 이름과 하나

하나 대응을 시켜 알게 하겠단다. 그렇게 하면 2학기에는 좀더 교실 생활을 잘 할 것 같아서 그런단다. 창수 어머니가 애쓰는 것이 눈물겹다.

'탐구 생활', '내가 낸 방학 과제', '내가 쓴 나의 생활 통지표', '교사가 써 준 성적표'를 나누어 주고 방학을 잘 보내라고 하고 아이들을 보내기 전에 손나팔을 하여 힘껏 "야호!"를 세 번 외쳤다. 방학을 힘차게 보내자는 다짐의 표현이다.

혜진이 눈시울이 벌겋다. 조금 전부터 울기 시작했다. 방학 동안에 선생님이 보고 싶을 거라면서 그런다.

혜영이가 앞으로 달려나와 꼭 매달린다. 꼭 안고 내려다보면서,

"혜영아, 어머니 말씀 잘 들어라, 알았지?"

했더니 고개를 끄덕이며 훌쩍거렸다.

"얼른 가거라."

억지로 떼어 내서 보냈다. 방학 동안에 혜영이 집이 무사하길 속으로 빌었다.

9월

1998년 9월 1일 화요일. 덥다.

개학

　개학이다. 7시 20분쯤 되어서 학교에 닿았다. 창문을 활짝 열고 아이들을 기다렸다. 개학 3일 전부터 교실을 청소하고 분위기를 새롭게 꾸며 놓았더니 기분이 참 좋았다. 올 장마가 유난히 길었던가? 교실 마룻바닥이고 아이들 책걸상이고 온통 곰팡이투성이였다.

　최성혜가 쌩긋 웃으면서 가장 먼저 교실에 들어섰다. 이어서 아이들이 줄줄이 들어왔다. 반갑다고 쫓아와서 안기는 놈들도 있고 오랜만에 만나서 서먹해하는 놈들도 있다. 아이들이 일기장 먼저 가지고 와서 내 책상 위에 뒤집어 놓는 일을 잊지 않고 한다. 아이들 대부분이 1권을 끝내고 2권을 쓰고 있었다. 3권을 쓰고 있는 아이도 있었다. 그 일기들을 다 읽어 보지는 못했지만 대충 보아도 아이들이 일기를 잘 쓴 것 같다.

　방학 동안에 있었던 일 가운데서 동무들에게 들려주고 싶은 이야기를 앞에 나와서 발표하는 시간을 가졌다.

재미 없는 옛날 이야기

첫째 시간에 일기 공부를 했다. 방학 동안에 쓴 일기를 보니까 대부분 잘 썼지만, 새 학기가 시작되었고 또 자세히 쓰지 않는 아이들이 더러 있어서 다잡아 주자 싶어서다. 자세히 쓰기 공부를 하고 옛날 이야기를 두 자리 해 주었다. 그 옛날 이야기는 일기 자세히 쓰기 공부의 연장이었다. 이야기를 자세히 하지 않고 그냥 줄거리만 이야기를 했다.

"선생님, 장난하지 말고 진짜 이야기 해 주세요."

아이들이 이런다.

"이 자슥들아, 장난이 아니야. 너희들 일기 쓰는 것처럼 줄거리를 대충 했을 뿐이야."

"재미 없어요."

"그래, 재미 없지? 그렇고말고. 나도 이제 너희들 일기 쓰는 것처럼 옛날 이야기를 자세하게 해 주지 않을 거야. 어때, 옛날 이야기 하나 더 해 줄까?"

앞으로 일기 자세히 쓸 테니 진짜 이야기 해 달란다. 그래서 '호랑이 잡는 기왓장' 이야기를 들려주었다.

창수의 풍선 불기

슬기로운 생활 시간에 아이들에게 풍선을 한 개씩 나누어 주었다. 풍선을 눈으로 보고, 손으로 만져 보고 비벼 보면서 성질을 말해 보는 공부를 하기 위해서다. 아이들이 풍선을 받기가 바쁘게 빵빵하게 바람을 넣었다. 겁쟁이들은 바람을 조금만 넣고, 용감한 아이들은 터지기 바로 직전까지 바람을 넣었다. 아이들이 저마다 바람 넣은 풍선을 들고 나와서 주둥이를 묶어 달라고 내 앞에 줄을 섰다.

창수는 바람을 넣지 않은 풍선을 가지고 와서 바람을 넣어 달라고 칭얼거렸다.

"안 돼! 창수가 바람 넣어!"

바람 넣는 흉내를 내고 다른 아이들의 통통한 풍선을 가리키고 했더니 질질 우는소리를 하면서 바람을 넣었다. 그런데 바람을 어느만큼 넣고 숨을 들이쉴 때는 손으로 풍선 주둥이를 막아 바람이 나오지 않도록 한 뒤에 숨을 들이쉬고는 다시 풍선에 바람을 넣어야 하는데 그걸 못 했다. 날숨으로 바람을 넣었다가 입을 떼지 않고 들숨으로 풍선 안에 넣은 바람을 마셔 버린다. 그러니 아무리 불어도 풍선은 커지지 않고 제자리다. 징징 울면서 또 바람을 넣어 달라고 풍선을 내밀었다.

"안 돼! 창수가 바람 넣어!"

나는 창수 풍선을 본 척도 하지 않고 다른 아이들이 가지고 온 풍선을 차례대로 묶어 주기만 했다. 그러면서 곁눈으로 살짝 봤더니 창수 풍선이 제법 커졌다. 들숨을 쉴 때는 풍선에서 입을 떼고 손으로 주둥이를 누를 줄 안다.

"야! 창수 풍선 크다!"

창수 풍선을 받아 주둥이를 묶어 주었다. 창수가 좋아서 싱글벙글 웃으면서 펄쩍펄쩍 뛰었다.

4학년 박은지가 아침에 주고 간 거봉 포도 한 알을 창수에게 주었다. 아침에 은지가 비닐 봉지에 커다란 거봉 포도 두 송이를 가지고 왔다. 시골에서 가지고 왔는데 어머니가 선생님 갖다 드리라고 하더라면서. 고마웠다.

또 가애 어머니가 시골에서 주워 온 것이라면서 밤을 제법 많이 삶아

서 보냈다. 두 시간을 마치고 쉬는 시간에 아이들과 등나무 교실에 앉아
서 나누어 먹었다. 고맙다.

혜영이 걱정

오늘은 늘 1등을 하던 성혜나 영준이보다 부경이가 가장 먼저 왔다.
그 다음에도 성혜나 영준이가 아니라 병욱이였다.
"어어! 부경이와 병욱이, 어쩐 일로 이렇게 빨리 왔어? 집에 무슨 일
이 있었어?"
내가 눈을 둥그렇게 해서 이렇게 말을 걸었더니,
"선생님, 집에 무슨 일이 있으면 학교에 늦게 와야지 왜 빨리 와요?"
병욱이가 이런다. 맞다. 병욱이 말이 맞다.
"그러네. 정말 그러네."
내가 금방 병욱이 말에 맞장구를 쳐 주었더니 병욱이가 싱글벙글이
다. 부경이도 고개를 끄덕인다. 병욱이 말이 맞다는 몸짓이다.
혜영이가 고개를 숙이고 힘없이 교실로 들어왔다. 가슴이 철렁했다.
"혜영아, 어제는 손님이 많았니?"
대뜸 이렇게 물었다.
"아니요. 한 테이블도 안 왔어요."
"저런!"
나는 가끔씩 혜영이 어머니가 하는 '순이네 야식'이 잘 되는지 물어
본다. 늘 "아니요."이다. 어떤 날은 "한 테이블 왔어요." 하는 게 고작이
다. 아버지는 알코올 중독으로 입원을 해 있고 혜영이 어머니 혼자 벌어
서 병원비에다, 시어른 모시고 생활을 해야 한다. 장사라도 잘 되어야

그 어려움을 헤쳐 나갈 텐데 걱정이다.

선생님한테 갈래

아침에 창수 어머니한테서 전화가 왔다. 창수가 아파서 병원에 가야 하기 때문에 학교에 못 보낼 것이란다. 열이 아주 높단다. 그렇게 하라고 했는데 두 시간 마치고 중간 체육 시간에 창수 어머니가 창수를 데리고 오셨다.

"병원에 갔다가 집으로 가는데 창수가 윤태규 선생님한테 가자고 못 살게 졸라서 데리고 왔어요."

이러면서 잡았던 창수의 손을 놓고 나한테 아이를 넘기듯이 등을 떠밀어 보냈다.

"자알 했어요."

내가 이러면서 창수 엉덩이를 툭 쳐 주었다.

창수가 학교에 오려고 하니 다행이다. 그렇지만 창수가 학교 오겠다는 것이 되풀이되는 일상이어서 그렇지 학교 생활이 그처럼 즐거워서는 아닐 것이다. 그렇게 생각하니 또 창수가 측은해졌다.

혜영이

혜영이 생일 축하 편지를 써 주는 날이다. 그렇게 명랑하고 까불까불 하던 혜영이가 요즘 들어 힘이 하나도 없다. 알코올 중독으로 아버지가 입원하고, 할머니와 어머니는 날마다 싸우고, 그런 가운데서 어린 혜영이가 겪는 마음고생이 혜영이를 저렇듯 축 처지게 한다. 오늘 생일 축하 편지를 계기로 다시 까불까불하는 혜영이가 되었으면 좋겠다.

아침에 아이들 일기를 읽고 있는데,

"선생님, 혜영이가 왔어요. 혜영이 안 보여요?"

한다. 정신 없이 일기를 읽느라고 곁에 오는 것을 몰랐는데 그렇게 깨우쳐 준다.

"아, 그래요. 몰라서 죄송해요."

이러면서 안아 주었더니 생글생글 웃으면서 자기 자리로 들어갔다.

1998년 9월 21일 월요일. 오전 내내 비가 오락가락했는데 습도가 높아서 후덥지근했다.

우천 관계

두 시간 마치고 나니 체육 담당 선생님이 방송을 했다.

"오늘은 우천 관계로 중간 체육을 하지 않습니다. 다시 한 번 알리겠습니다. 오늘은 우천 관계로 중간 체육을 하지 않습니다. 이상입니다."

아이들이 '우천 관계'라는 말을 몰라서 끝까지 다 듣고서야 알아듣는 듯했다. 내 책상 둘레에서 서성거리는 아이들에게 물었다.

"뭐라고 하던?"

"중간 체육 안 한대요."

"왜 안 한다고 하던데?"

"비가 와서 안 하겠지요."

"방송에서 비가 와서 안 한다고 그랬어?"

"예."

"정말 비가 와서 안 한다고 그랬어?"

내가 이렇게 다시 다잡아 물으니 희수가 가만히 생각하다가 이렇게 대답했다.

"아니요. 우철 뭐뭐 때문이라고 했어요."

이런다. 곁에서 듣고 있던 진철이가,

"아니야, 비가 와서 안 한다고 했어."

셋째 시간 시작하자마자 칠판에 방송 내용을 그대로 썼다.

'우천 관계로 중간 체육을 하지 않습니다.'

아이들에게 '우천 관계'가 무슨 말인지 아느냐고 물었더니 아는 아이가 한 사람도 없다. 당연하다. 모르고말고다. 그 자리에 '비가 와서'라고 고쳤더니 아이들이 "아." 한다.

1998년 9월 23일 수요일. 햇볕이 따갑다.

밥 안 먹을래요

한규 생일 편지 준비하랴, 저금 받으랴, 일기장 살펴보랴, 숙제장 보랴, 아침 일찍 출근했는데도 정신이 하나도 없다.

창수가 점심을 먹지 않겠단다.

"안 먹을래요. 안 먹을래요."

자꾸만 손을 저으면서 이러길래 머리를 짚어 보았더니 이마가 따끈따끈하다.

"창수야, 밥 요만큼만 먹자."

이러면서 손가락 끝을 보이면서 말해도 무슨 말인지 못 알아듣는지 앞에 앉아 있는 내 귀만 자꾸 만진다. 손에도 열이 있는 것 같다. 밥 대신 우유 두 봉지를 마시고 점심 시간 입가심으로 나온 요구르트를 한 개 마셨다. 다른 아이들은 밥을 먹는데 창수는 멍청하게 앉아 있었다. 아이들이 밥을 거의 다 먹었을 때쯤, 가방을 챙겨 짊어지고 나한테 와서 인사를 했다.

"안녕히 계세요."

"그래. 창수야, 배 안 고파?"

이렇게 물었더니 창수가 나를 따라서,

"배 안 고파?"

이러면서 뒤뚱뒤뚱 걸어 복도로 나갔다.

"창수야!"

현관에 나가서 창수가 뒤돌아볼 때 손을 흔들어 주었더니 창수도 손을 흔들어 주었다. 똑바로 교문 쪽으로 갔다. 나는 교문까지 가 보았다. 봉고 차가 한 대 들어오는데 차를 잘 피해서 골목으로 부지런히 걸어갔다. 조금도 거리낌없이. 끝까지 따라가 보고 싶었으나 실내화를 신고 있었고, 또 교실에는 청소가 한창이라 어쩔 수 없었다. 대규에게 창수 어떻게 가나 살펴보라고 해 놓고 교무실로 가서 창수 외가에 전화를 했다. 아무도 전화를 받지 않았다.

'전번에 혼자 갔으니 갈 수 있겠지, 아니면 골목에서 마중 나온 외할 아버지를 만날 수도 있고.'

이런 생각을 하고는 교실에 와서 청소를 끝낸 아이들과 퀴즈를 풀고 몇 아이들과 남아서 글자 공부를 하고 있는데, 창수 외할아버지가 오셨다. 깜짝 놀랐다.

"집에 갔을지도 모르지요."

창수 외할아버지가 이렇게 말하면서도 크게 놀라는 기색이다. 집에 가자마자 곧 학교로 전화를 해 달라고 부탁을 했다. 잠시 뒤에 창수 어머니한테서 전화가 왔는데 창수가 혼자서 외가에 왔다면서 굉장히 기뻐했다. 혼자서 외가에 찾아간 것이 이번이 두 번째다.

1998년 9월 24일 목요일. 비가 오락가락했다.

운동회

운동회를 했다. 비가 오락가락해서 애를 많이 태웠다. 응원석 걸상에 아이들이 앉아 있는데 어떤 어머니들은 거기까지 와서 자기 집 아이에게 우산을 씌워 주고 있다. 이만한 비는 맞아도 되는데 너무 극성이다. 또 자기 아이에게 우산을 받쳐 주면 옆 아이는 우산살로 흘러내리는 빗물을 맞을 수도 있다. 산성도가 높은 비가 온다고 하니 그렇게 하지 말라고 할 수도 없다.

재은이가 학교에 오지 않았다. 어제 재은이에게 점심 걱정 말고 오라고 할걸, 그만 깜빡했다. 이혼한 부모 밑에서 아버지와 함께 사는 재은이는 점심 도시락 준비를 못 해서 학교에 오지 않은 게 분명했다. 봄 소풍 때, 내가 그걸 알고 점심 걱정 말고 꼭 오라고 신신당부를 했는데 아버지가 결국 보내지 않았다. 생전 처음 맞이하는 운동회인데 얼마나 학교에 오고 싶었을까? 같이 놀 아이는 다 학교에 왔는데 혼자서 무얼 하고 놀까? 재은이를 생각하니 가슴이 아프다.

재은이와는 달리 혜영이에게는 오늘이 정말 신나는 날이다. 최고의 날이다. 혜영이 아버지, 어머니, 동생 이렇게 온 식구가 학교에 소풍을 온 행복한 날이다. 알코올 중독증으로 힘들게 하던 아버지가 퇴원을 해서 완전히 새 사람이 되어 학교에 온 것이다. 혜영이 어머니도 예쁘게 화장까지 하고 와서 자랑스럽게 혜영이 아버지를 소개해 주었다. 사람이 외모는 반듯해 보인다. 혜영이 아버지는 사진기를 들고 다니면서 혜영이가 활동하는 모습을 일일이 찍어 주었다. 가정에서 한 사람의 몫이 저렇게 크다. 거기에다 가장의 자리가 아닌가.

1998년 9월 30일 수요일. 비가 억수로 내렸다.

만들기

　오늘은 아침부터 장갑 인형 만들기와 사발면 뚜껑으로 모자 만들기를
했다. 아이들이 만든 장갑 인형으로 즉석 인형극을 만들어 보라고 했더
니 거의 모든 아이들이 이상하게도 짝꿍 인형과 싸움하는 놀이를 한다.
싸움하는 게 즉석으로 꾸미기가 가장 쉬운 모양이다. 장갑 인형을 교실
옆벽에 죽 붙여 놓았다. 보기가 좋았다. 모자 테가 둥그런 신사들의 중
절모자를 만들면 보기가 더 좋다고 했는데도, 아이들 대부분이 챙모자
를 만들었다. 챙을 마치 오리 주둥이처럼 만들었다.
　아이들이 사발면 뚜껑 모자를 잘 만들었다고 생각하는지 집에 가지고
가서 자랑을 하겠단다. 교실 벽에 걸어 두자고 하니까 안 된단다. 집에
가지고 가겠단다.
　"자슥들, 문디같이 만들어 놓고 자랑은 엉가이도 하고 싶은 모양이
　　제?"
이랬더니 문디가 아니라 멋있게 만들었다고 난리다.

10월

1998년 10월 1일 목요일. 화창하게 개었다.

양호실에는 혼자 가세요

셋째 시간에 혜진이가 아프다고 울고 있다. 나는 일부러 못 본 척했다. 아픈 것은 사실이지만 혼자서 어떻게 할까를 판단하라고 지켜본 것이다. 양호실에 가든지, 아니면 공부를 그만 하고 집으로 가든지, 참고 있어 보든지 스스로 결정을 내려 보라는 것이다.

"선생님, 머리가 아파서 그런데요. 양호실에 가도 되겠습니까?"

"선생님, 아파서 더 공부를 못 하겠어요. 집에 보내 주세요."

이렇게 하라고 했는데도 그러지 않고 자꾸만 운다. 할 수 없이,

"혜진아! 많이 아프니? 양호실에 가서 누워 있든지, 아니면 집으로 가든지, 한 시간 남았으니 참고 공부를 하든지 니가 판단을 해라."

이러면서 가까이 가서 머리를 짚어 보았다. 머리가 따끈따끈했다.

유진이가 혜진이를 데리고 양호실에 간다면서 자리에서 일어섰다.

"선생님, 혜진이가 양호실에 같이 가자고 해요."

"유진아, 동무를 생각하는 마음은 좋은데 양호실이 바로 옆이니까 혜진이 혼자서 갈 수 있단다. 그냥 둬라."

유진이가 자리에 앉고 혜진이가 머리를 짚고 일어서서 뒷문 쪽으로 갔다. 그 때 마침 종이 울렸다. 아란이가 혜진이와 같이 양호실에 가려고

뒤로 뛰어갔다. 혜진이는 벌써 양호실에 들어간 뒤다.

달 쳐다보기

달 쳐다보기 숙제를 냈더니 아이들이 그 이야기를 일기에 많이 썼다. 아주 재미있는 이야기들이 많았다. 아란이는 달을 쳐다보면서 생각을 많이도 했다.

1998년 10월 6일 화요일. 구름도 끼고 맑고 했다.
오늘 밤에 달을 봤다. 달이 동글동글했다. 달은 별처럼 노란색이다. 달을 보니 할머니, 할아버지, 큰아빠, 큰엄마, 요셉이 오빠, 한솔이가 달에 보였다. 또 동글한 게 많이 생각났다. 뭐냐면 해, 지구, 화장지, 뚜껑 이런 것이다.
달을 보니 자꾸 할머니가 보고 싶고 눈물이 조금 난다. 우리 반에서는 선생님이 생각난다. 선생님이 내일 옛날 이야기를 해 주면 괜찮겠다.

어떤 옛날 이야기를 들려줄까 생각하다가 '술이 나오는 그림' 이야기를 해 주었다. 안 그래도 해 주려고 준비한 것이지만 아란이가 일기를 잘 써서 해 준다고 생색을 냈다.

1998년 10월 15일 목요일.
희수야, 미안하다

희수에게 너무 미안하다. 그래서 놀이방에 있는 희수를 불러 끌어안으며 미안하다고 했다.

"희수야, 미안하다. 나는 어제 니가 껌을 씹고 있는 것을 봤기 때문에 니가 거기 흘린 줄 알았지. 그런데 껌을 삼켰다면서? 그럼, 누가 거기 껌을 흘렸을까?"

나는 미안해서 자꾸 말을 많이 했다.

어제 1분단과 2분단 사이에 껌이 붙어서 교실 바닥이 그만 보기 싫게 되었다. 바로 희수 옆이었다. 나는 대뜸 희수 입을 봤다. 희수가 껌을 씹지 않고 있었다. 조금 전까지 씹고 있었는데 말이다.

"이희수! 이눔아, 껌을 여기 이렇게 버리면 어떻게 해! 그러니까 교실에서 껌을 씹지 말라고 했잖아. 당장 칼 가지고 하나도 남기지 말고 깨끗하게 긁어 내!"

희수 짓이 분명하다고 생각한 나는 이렇게 야단부터 쳤다.

"내가 안 그랬어요."

희수가 아주 작은 목소리로 조용하게 말했다. 희수는 늘 조용하고 침착하다.

"이 자식! 안 그러긴 뭐가 안 그래, 껌 씹고 있는 것을 내가 봤는데."

그렇게 우격다짐으로 기어이 그 껌을 다 긁어 내게 했다.

그런데 오늘 희수의 일기를 보니 정말 안 그랬단다. 그냥 씹고 있다가 자기도 모르게 껌을 삼키고 말았단다.

나는 가끔씩 이런 실수를 한다. 성격이 너무 급해서 탈이다. 다른 사람은 내가 뚱뚱하니까 성질이 느긋한 걸로 아는데 내 성격은 내가 잘 안다. 가장 큰 탈이 성격이 급한 것이다. 결혼할 때 우리 누님이 아내에게 처음

한 말도 성격이 너무 급해 탈이라는 것이었다. 아내나 우리 집 아들들은 내 성격이 너무 급한 것을 알고 있다. 누님과 아내는 내가 십이지장 궤양에 걸린 것도 성격이 너무 급해서 얻은 것이라고 생각할 정도다.

*11*월

1998년 11월 5일 목요일. 조금 덥다.

병아리

아이들 일기를 보니 어제 집에 가는 길에 교문에서 병아리를 산 이야기가 있었다. 일기 내용을 가지고 어떤 지도도 하지 않는 게 옳은 일이지만 이는 다르다. 그냥 넘어가서는 안 되겠다 싶었다. 교문 앞에서 병아리를 팔고 산 일은 일기가 아니더라도 알 수 있는 일이다. 그렇기 때문에 내가 병아리 사서 키우는 데 대한 이야기를 꺼내도 일기장을 보고 그러는 것으로 생각하지 않을 것이다.

아이들에게, 살아 있는 것은 장난감이 될 수 없다는 이야기를 해 주었다. 어제는 몰라서 샀겠지만 앞으로는 병아리를 사서 놀거나 키울 생각을 말라고 일러 주었다. 어차피 살리지 못하고 죽일 게 뻔한 목숨이다. 아이들이 너무 죄의식을 갖지 않도록 조심을 했다. 그래서 병아리 산 사람을 조사하지 않았다.

쉬는 시간에 학부모들에게 보낼 가정 통신문을 급히 썼다. 이미 산 것은 최선을 다해 키워 보도록 해야겠지만 목숨을 장남감으로 여기도록 하고는 어떤 교육도 의미가 없다는 얘기를 진지하게 써서 보냈다.

1998년 11월 21일 토요일. 새촘한 날씨다. 을씨년스럽다.

선생님 놀이

첫째 시간 바른 생활 시간에 '선생님 놀이'를 했다. 모둠 지어서 했다. 선생님이 어찌 된 셈인지 공부는 가르치지 않고 아이들 벌만 세운다. 회초리로 때리고 숙제 안 한 아이를 벌 주고…….

영훈이는,

"진짜로 선생님하고 내하고 바꾸었으면 좋겠다. 그러면 이 몽둥이로 엉덩이를 펑펑 때릴 것인데."

하면서 두 손으로 몽둥이를 힘껏 움켜잡고 막 때리는 시늉을 했다.

이 자식들, 다른 사람이 보면 내가 날마다 때리기만 하는 줄 알겠다.

1998년 11월 23일 월요일. 쌀쌀하다.

재미있는 숙제 발표

토요일 재미있는 숙제로 '겨울 찾기'를 냈는데, 아직은 가을이라는 아이들이 있어서 가을이라고 생각하는 사람은 '가을 찾기'를 해도 된다고 했다.

"선생님, 가을 찾은 사람과 겨울 찾은 사람끼리 말싸움하기 해요."

진현이가 이렇게 말해서 그렇게 하자고 해 두었다.

자기의 생각을 1학년 나름대로 펼쳐 보도록 하기 위해서 가끔씩 찬반 토론을 할 만한 주제를 골라 토론을 했다. 그 토론을 아이들이 쉽게 알도록 하기 위해서 '말싸움'이라고 했는데 그걸 하자는 말이다.

"좋다. 겨울이 이기나 가을이 이기나 보자."

그런데 일요일에 눈이 펑펑 내린 것이다. 아이들은 당연히 어제 내린 눈으로 겨울 찾기를 했다. 가을을 찾은 아이가 한 사람도 없었다. 싸움을 해야겠는데 상대가 없었다. 그래서 내가 가을 편이 되어 싸움을 시작했다.

"국화가 아직 저렇게 많이 피어 있는데 겨울이라니. 아직은 가을이다. 국화가 핀 겨울 봤나, 이눔들아."

"눈은 겨울에 내려요, 가을에 내려요? 눈이 저렇게 많이 왔는데 가을이라고요?"

"맞다, 맞다."

아이들이 벌 떼같이 들고 일어났다.

"들판에는 추수가 끝났어요."

"나무에 잎이 다 떨어졌어요."

"얼음이 얼었어요."

"교실에 난로를 놓았잖아요."

아이들은 너도나도 한 마디씩 거들었다.

나는 연신 국화를 들고 나오다가 아직은 잎을 많이 달고 있는 방울나무를 가리켰다. 아이들이 복도로 창가로 국화와 방울나무를 확인하러 몰려다녔다.

"겨울! 겨울! 겨울!"

아이들이 주먹을 높이 들고 시위를 하듯이 입을 모아 소리를 질렀다.

"이 자식들아, 그런다고 가을이 겨울이 되냐? 오냐 오냐, 겨울이다. 내가 졌다."

"야! 우리가 이겼다!"

1998년 11월 30일 월요일. 제법 춥다.

상장

상장 주고받기 놀이를 했다. 종이와 사인 펜, 색연필, 색종이, 풀 따위를 갖다 놓고 동무들에게 상장을 만들어 주기로 했다. 먼저 자기 짝에게 상장을 한 장 만들어 주었다. 짝이 가장 잘 하는 것을 하나 찾아서 상장을 예쁘게 꾸며 주었다. 그 일이 너무 쉽게 끝이 나서 이번에는 누구든 자기가 주고 싶은 사람에게 상장을 만들어 주기로 했다. 아이들이 상장을 만들어 여기저기 갖다 주느라 교실이 시끌벅적했다. 상장을 주고 악수를 하는 아이, 그것을 곁에서 보고 손뼉을 쳐 주는 아이, 고맙다고 인사를 꾸벅하는 아이, 서로 끌어안고 등을 두들겨 주는 아이, 상장을 받아 읽고는 우스워서 마구 큰 소리로 웃고 떠드는 아이. 교실은 온통 웃음바다다.

상장 몇 장만 골라 그 글을 적어 보면 이렇다.

(진현이가 아란이에게)
위의 어린이는 조규필을 잘 돌봐 줘서 상장을 주어 칭찬합니다.

(영준이가 지웅이에게)
위의 어린이는 팔씨름을 잘 해서 상장을 주어 칭찬합니다.

(혜진이가 영훈이에게)
위의 어린이는 교실에서 남을 잘 웃겨서 상장을 주어 칭찬합니다.

상장을 가장 많이 받은 사람은 김대규다. 무려 열두 장이나 받았다. '연필 잘 깎는 상', '만들기 잘 하는 상', '장난을 잘 치는 상', '포스터를 잘 그리는 상', '일기를 잘 쓰는 상'…….

그런데 저희들끼리 상장을 주고받다가 글쎄 혜진이가 나에게 상장을 가지고 와서 쑥 내밀었다.

"선생님, 이야기 상장 드릴게요."

"뭣이? 나에게 상장을?"

나는 깜짝 놀랐다. 어쩌 그런 생각을 다 했나 싶었다. 나는 재미있게 받아야겠다 싶어서 얼른 일어나서 차렷 자세를 했다.

혜진이가 상장을 읽었다.

"위 어른은 우리들에게 옛날 이야기를 재미있게 잘 해 주었기에 상장을 주어 칭찬합니다. 1998년 11월 30일, 신나는 교실 조혜진."

호수는 4호이다. 아마도 오늘 네 번째 쓰는 상장인 모양이다. 내가 우리 교실에서 늘 '위 어린이는'이라고 쓰니까 나에게 주는 상은 '위 어른은'이 맞다. 꼭 맞는 말이다. 그 뒤는 내가 저희들에게 주는 것과 똑같다.

나는 그 상장을 잃어버리지 않으려고 얼른 풀을 꺼내서 일기장에 붙여 놓았다.

조금 있으니까 유진이와 진현이가 '옛날 이야기 상'을 만들어 왔고, 아란이가 남을 잘 웃겨서 준다는 내용의 상장을 만들어 왔다. 나는 그것도 얼른 일기장에 붙여 두었다.

오늘은 참 신나고 즐거운 날이다.

12월

1998년 12월 4일 금요일. 아침에는 제법 추웠으나 낮에는 햇살이 따스하다.

받아쓰기 좀 보여 줘

창수가 내 곁으로 와서 내 저고리를 살짝 젖혀 본다. 얼마 전부터 창수에게 생긴 버릇이다. 내 옷을 젖혀서 안주머니에 꽂힌 만년필을 만지거나 그냥 눈으로 확인하고는 내 옷을 원래대로 여며 준다.

창수가 알림장을 다 쓰고 나에게로 와서 사인을 해 달라고 할 때 내 저고리를 들추고 만년필을 몇 번 가리키더니 그만 그게 버릇이 되었다. 내 곁에만 오면 시도 때도 없이 저고리를 들춰 본다.

날씨가 추워서 아침 일찍 난로를 피워 놓고 아이들을 기다렸다. 교실로 들어오는 녀석들이 난로부터 쬘 생각은 않고 나에게 와서 안기기 먼저 한다.

희영이란 놈은 교실에 들어온 지가 한참 되었는데도 자리에 앉지 않고 가방을 짊어진 채로 논다. 다른 아이들 책상에 가서 이야기를 하다가 난롯가에서 뒹굴다가 한다. 가만히 보니 자기 자리까지 갔다가도 가방을 내려놓지 않고 그냥 또 다른 곳으로 간다. 교실의 아침은 분주하다.

받아쓰기 시간, 창수가 2번, 3번을 몰라서 옆짝 병욱이 것을 보겠다고 떼를 쓰다가 다음 낱말도 놓쳐 버렸다. 벌써 5번을 부르고 있는데 겨우 1번만 써 놓고 짝 것을 보겠다고 난리다. 내가 "김창수, 5번." 했더니 몸이 달아서 마구 소리지르며 울었다. 그러다가 앞으로 달려나와서 내가 써 놓은 받아쓰기 공책을 보고 베껴 쓰려고 들고 들어갔다. 내가 다시 뺏으니 소리를 질렀다. 나는 뺏고 창수는 뺏기지 않으려고 소리를 지르고 한바탕 소동이 벌어졌다.

"창수야! 5번." 이러면서 5번을 쓰라고 받아쓰기장 5번을 가리켜도 앞을 뛰어넘어 5번을 쓸 줄 모른다. 억지로 5번을 쓰게 했더니 찔찔거리면서 썼다.

하람이 일기

오늘 하람이 일기는 어머니에게 일곱 대를 맞아서 어머니를 욕한 내용이다.

어머니가 너무너무 밉단다. 오래 전에 무슨 일로 어머니가 싫었던 감정도 새삼스럽게 떠올려 썼다. 아버지와 어머니가 싸웠을 때, 그 이야기를 다른 데 가서 했다고 어머니에게 매맞은 일도 떠올려 가며 어머니가 싫단다. 언젠가 오줌을 쌌는데, 그 때 이불을 내버린 것은 정말 어머니가 잘못했고, 밉고, 이불이 아깝고 그렇단다. 화가 단단히 난 모양이다.

하람이 어머니는 아이를 잘 키운다. 평소 여러 번 그걸 느끼고 있었는데 이번 하람이 일기로 그것을 다시 한 번 확인했다. 하람이 어머니는 하람이 일기를 날마다 살펴본다. 별 간섭을 하지 않지만 꼭꼭 읽기는 한다. 그런데도 하람이는 어머니가 읽을 줄 알면서도 이런 일기를 썼다. 일기를 두고 간섭만 하지 않아도 이런 일기를 쓰게 할 수 있다.

1998년 12월 10일 목요일.

장한 어머니와 아들

대규가 앞으로 나오더니 바지 무릎을 보이면서,

"선생님요, 우리 엄마가요, 여기에 주머니를 달았어요. 왜 달았는지 아세요? 떨어져서 빵꾸가 난 구멍을 안 보이게 하려고 엄마가 속임수로 주머니를 달았어요. 이 주머니에 5백 원 동전을 넣으면 딱 맞아요. 좋지요?"

이렇게 말을 했다. 자랑은 자랑인데 참으로 훌륭한 자랑이다. 옷을 꿰매 준 대규 어머니도 훌륭하지만 꿰매 입은 옷을 그처럼 자랑하는 대규도 장하다는 생각이 들었다.

"야! 대규 어머니가 머리를 참 잘 썼네."

"맞아요. 우리 어머니가 새로운 생각을 했어요."

1998년 12월 18일 금요일. **따뜻하다.**

가정 방문

방학을 하루 앞둔 날이다. 오후에 가정 방문을 갔다. 특수반 선생님이 우리 반 부진아 김진재, 김부란, 장현진을 여러 가지 방법으로 검사를 하더니 특수반에 들어오도록 수속과 절차를 좀 밟아 달란다. 내가 그 아이들은 공부가 조금 떨어지는 것뿐이지 특수반에 들어갈 만큼은 아니라고 어려움을 말했더니, 만약 특수반 아이 숫자가 채워지지 않으면 특수반이 한 학급 줄어들 수밖에 없다면서 특수반에 들어오게 해 달란다. 특수 교육을 받을 아이가 없으면 규정대로 학급이 줄어들도록 해야지 억지로 숫자를 채우려고 하면 되느냐고 했다. 그랬더니 반을 줄어들게 할 것이 아니라 기존의 반을 유지하면서 한 사람이라도 더 구제를 하는 게 더 교육적이란다. 그리고 얼마 전부터 특수반에 들어가는 기준이, 학습이 뒤떨어지는 아이를 '학습 장애아'라고 해서 특수반에 들어가도록 하는 걸로 바뀌었단다. 또 그 아이들이 정 특수반에 들어와서 공부하기가 싫으면 원래 반에서 그대로 공부를 하고 오후에 부진아 지도하듯이 개별 지도를 해도 된다면서, 어쨌든 아이들에게 보탬이 되는 방향으로 운영을 할 테니 수속을 밟아 달란다. 수속이래야 다른 게 아니라 학부모들에게 동의서에 도장을 받는 일이다. 그래서 오늘 가정 방문을 나선 것이다.

세 사람은 날마다 남아서 나와 글자 공부를 하고 있다. 글자 공부를 마친 뒤에 정환이와 종엽이는 보내고 현진, 진재, 부란이를 내 차에 태우고 먼저 현진이네 집에 갔다. 현진이 집은 금포천을 따라 낙동강 쪽으로 가다가 둑 아래 마을에 있다. 거기는 마을이라기보다는 집과 공장이 뒤섞여 있는 가내 공장 단지다. 비닐 하우스 같은 간이 건축물이 현진이네 공장이었다.

뒷마당인지 앞마당인지 모르겠는데 차를 세우니 현진이가 헝겊으로 만든 문을 열고 공장 안으로 들어갔다. 현진이가 들어갈 때 웬 여자 한 분이 현진이를 맞으면서 나를 힐끔 한 번 보더니 문을 닫았다. 나는 밖에서 기다렸다. 현진이가 들어갔으니 부모님이 나오겠지 하고 기다렸다. 그런데 아무 소식이 없다. 할 수 없이 그 헝겊으로 만든 문을 열고 안으로 들어가 봤다. 기계가 가득 차 있다. 시끄럽다. 아까 그 여자 혼자서 많은 기계 앞에서 기계를 지켜보면서 왔다 갔다 하고 있었다. 자세히 보니 실로 헝겊을 짜는 공장이다. 먼지가 공장 안에 가득하다. 금방이라도 숨이 막힐 것만 같다. 천장이고 기계고 공장 안에 있는 물건에는 먼지가 주르륵 마치 고드름처럼 늘어져 있었다. 기계가 돌아가는 진동에 그 먼지들이 흔들흔들거렸다.

"저, 현진이 담임인데요."

크게 소리를 질렀다. 기계 소리 때문에 웬만해서는 들리지 않을 것 같아서다. 내 큰 소리도 금방 기계 소리에 묻혀 버렸다. 다행히 한 아주머니가 내 말을 들은 모양이다. 내가 서 있는 반대쪽에 늘어져 있는 헝겊 문을 열고 들어갔다. 그 안에 현진이네가 살고 있는 모양이다. 잠시 뒤에 그 아주머니가 내 가까이로 왔다. 현진이도 따라 나왔다.

"현진이 아버지와 어머니가 모두 자고 있는데요. 조금 전에 여기서 일을 마쳤습니다. 오늘 야근이라서 자고 있습니다. 깨울까요?"

그 아주머니가 아주 난처한 표정을 지으며 말하다가 마지막 '깨울까요'에 힘을 주어 말을 했다.

"아닙니다. 괜찮습니다. 그냥 두세요."

공장을 나왔다. 저런 환경에서 일을 하고 있구나.

차를 돌려 나왔다. 이번에는 배재은 집을 찾아갔다. 재은이는 결식 학생으로 등록이 되어서 방학 기간에 먹을 쌀 10킬로그램이 나왔는데 그걸 전달하러 간 것이다. 재은이가 살고 있는 마을은 알지만 집은 자세히 모른다. 진재가, 재은이랑 같은 동네에 살고 있는 하람이 집을 안다고 해서 그리로 가면 찾을 수 있겠지 하고 갔다. 하람이네 집은 차를 수리하는 가게다. 하람이 어머니가 반갑게 맞으면서 차를 한 잔 하고 가라고 했지만 바쁘다면서 그냥 나왔다. 재은이 집을 안다는 4학년 민정이를 만나서 앞장세워 갔다.

재은이네 집 마당에는 갤로퍼 승용차가 한 대 있었다. 집은 금방이라도 쓰러질 듯한 초라한 슬레이트 집이었다. 커다란 개가 컹컹 짖었다.

재은이도 있고, 학원에 다닌다는 동생 천은이도 있었다. 쌀 부대를 마루에 놓고 안을 들여다보니 이불은 그냥 펴져 있었고 방에서 할아버지가 어딘가에 전화를 하고 계셨다. 나는 전화가 끝나기를 밖에서 기다렸다. 그런데 다른 방에서 어떤 잘생긴 젊은 사람이 나왔다. 재은이 아버지다. 쌀이 나온 까닭을 설명하고 인수증에 도장을 받았다. 사실 쌀 소금 주고

번거로운 인수증을 받으려니까 미안했다. 어떻게 생각할지도 걱정이 되었는데 재은이 아버지가 별말 없이 쌀을 받고 도장을 찍어 주었다.

재은이 집안 내력은 재은이 일기를 통해서 어느만큼은 안다. 재은이 어머니는 이혼을 한 뒤 서울에서 옷 장사를 하고, 재은이 아버지는 재은이 어머니를 무섭도록 미워하고 있다. 그래서 재은이는 집에서 어머니 이야기를 입 밖에도 낼 수 없다. 지금 살고 있는 집도 마당에 있는 갤로퍼 자동차도 재은이 큰아버지네 것이다.

다시 아이들을 태우고 이번에는 부란이네 집으로 갔다. 부란이네는 자그마한 컨테이너 집에서 살고 있었다. 컨테이너 집이라는 말만 들었지 그 안에 들어가 보기는 처음이다. 부엌은 컨테이너에 거적을 달아 냈다. 거적을 달아 낸 위에 슬레이트로 지붕을 만들고 벽도 만들었다.

부엌으로 들어가는 문을 여니까 여름에나 쳐 두는 초록색 발이 드리워져 있었다. 발을 젖히고 부엌으로 들어가니 가난이 뚝뚝 흐른다. 방문을 열어 보니 큰 텔레비전 한 대가 윗목에 있었다. 아랫목에는 이불이 그대로 있었고, 신문지가 덮인 둥근 상이 방 윗목에 있었다.

부란이 말로는 어머니는 일하러 갔지만 아버지는 아프기 때문에 집에 있을 거라고 했는데 없었다. 어머니는 4시에 온다고 했다. 시계를 보니 4시 2분 전이다.

밖에서 기다렸다. 기다리면서 컨테이너 지붕을 보았다. 텔레비전 안테나가 구부정하게 서 있고 에어컨 공기 방출기도 덩그마니 앉아 있었다.

"부란아, 집에 에어컨 있니?"

"예."

하기야 저런 답답한 공간에서 에어컨 없이 여름을 날 수 없겠지.

부란이네 컨테이너 집으로 들어가는 길이 아예 없다. 부란이네 컨테이너는 누구네 집 옆 마당 한 구석에 있는데 부란이네 컨테이너 바짝 앞까지 밭을 일구어 놓았다. 농작물을 심은 흔적은 없는데 밭을 일구어 다니지 못하도록 말뚝을 치고 나일론 줄을 쳐 놓았다. 부란이네를 이 집 마당에서 쫓아내려고 그랬는지, 도무지 이해가 가지 않는다. 그래서 평균대 위를 걷듯이 밭가를 조심조심 밟고 가야만 부란이네 컨테이너 집으로 갈 수가 있다.

4시가 훨씬 지나도 부란이네 어머니가 오지 않아서 부란이네 어머니가 일하는 일터로 갔다. 집에서 가까운 가내 공장이었다. 부란이네 어머니에게 조심스럽게 말을 꺼냈는데 부란이 어머니가 금방 특수반이라는 말을 알아들었다. 그리고 부란이가 글자 공부보다는 수학을 너무 못 해서 특수반에서 공부하면 좋을 것 같다고 미리 말을 했다. 다행이다. 부란이는 글자를 잘 익히지는 못했지만 글자 모양은 반듯반듯하게 쓴다.

이제 마지막으로 진재네 집으로 갔다. 진재 아버지가 진재를 찾으러 갔다고 한다. 진재를 너무 오랫동안 데리고 다닌 것이 미안했다. 진재네 집은 슬레이트 집이지만 번듯하다. 진재 어머니에게 사실을 이야기하니 선뜻 도장을 찍어 동의를 해 주었다.

현진이네 집에는 전화로 이야기를 해야겠다.

2월

1999년 2월 1일 월요일. 흐리고 포근하다.

내가 선생 맞나

개학이다. 학교에 서둘러 갔다. 학교에 닿으니 7시 20분. 학교는 아직 방학 같다. 너무나 고요해서 그렇다. 이 주사가,

"학교에 오고 싶어서 못 견디겠던교?"

한다. 교실에 들어오니 벌써 재은이가 와서 자리에 앉아 있다. 컴컴한 교실에서 불도 켜지 않고 있다. 불을 켜고 흐트러진 책걸상을 정리해 놓고, 난로 켜고, 어항 안을 걸레질한 뒤에 물을 채웠다. 세숫대야로 열 번 넘게 물을 받아 채웠다.

아이들이 하나 둘 왔다. 병욱이, 다슬이, 진현이, 성혜, 가애…… 아 참, 가애도 있었지. 그리고 우리 반에 부경이도 있었고……. 얼굴들을 보니 그제야 저 아이들이 우리 반에 있었지 하고 깜짝깜짝 놀랐다. 왜 그럴까? 아이들에게 많이 소홀해져서 그럴까? 내가 도대체 선생이 맞나? 모두 환한 얼굴이고 예쁘고 귀엽다.

아이들이 들어오는 족족 안아 줘야 하고 거기다가 놀러 온 4학년 아이들 말상대해 줘야 하고. 바쁘다 바빠.

어항 정리 따위는 원래 어제 해 두어야 하는데, 어제 학교에 나왔다가 행정실장 송별회 하느라고 그만 하지 못해서 아침이 이렇게 바쁘게 되었

214

다.

교실 정리를 어느만큼 해 놓고 일기를 쓰는데 창수 어머니가 창수를 데리고 왔다.

"창수야. 선생님에게 '안녕하세요' 해야지."

하니까 창수는 다른 곳을 보면서 "안녕하세요?" 한다. 창수가 교실에 오니 좋은 모양이다. 펄쩍펄쩍 뛴다.

여자 아이들은 삼삼오오 모여서 서로 이야기를 나누고 있고, 남자 아이들은 뒤쪽 방에서 두 사람씩 짝을 지어 고누를 하느라 정신이 없다. 교실은 금방 펄펄 살아서 숨을 쉰다.

1999년 2월 3일 수요일. 굉장히 춥다.

게으른 개학 준비 때문에

간밤에 전라도 쪽으로는 눈이 많이 왔는가 보다. 아침에 운동을 가는데 워낙 추워서 웃옷에 달린 모자를 꺼내 썼다. 어지간하면 모자를 쓰지 않는데. 산꼭대기에 오르니 운동하는 사람이 한 사람도 보이지 않는다. 귀가 떨어져 나갈 것 같다. 꼭대기가 너무 추워서 체조를 하지 않고 등치기 하는 곳으로 내려가서 체조를 하고 등치기를 했다. 달빛이 굉장히 밝다. 소나무 사이로 보이는 하얀 달빛을 보니 더욱 추워지는 느낌이다.

여느 날처럼 집을 나섰는데 학교에 닿기 2킬로미터쯤 전부터 밀리기 시작했다. 출근길이 이렇게 많이 밀리기는 처음이다. 웬일일까? 사고가 났나 했더니 눈길이 미끄러워서 그렇다. 시내는 눈이 온 흔적이 없는데 화원을 벗어나면서부터 길 위에 눈이 보이는 듯하더니 학교가 가까워지니 제법 많이 쌓여 있었다. 서쪽 방향이라 그렇다. 마주 오는 차들의 지붕이 눈으로 하얗게 덮였다.

내가 워낙 일찍 출근을 하는 터라 밀린다고 해도 많이 늦지는 않겠지만 일찍 온 놈들이 교실에서 벌벌 떨고 있을 것을 생각하니 마음이 조급했다. 학교에 닿으니 8시, 교실에 들어서니 예상대로 아이들 대여섯 명이 벌벌 떨고 있었다. 급히 난로를 켰다.

어제 창수 일기를 보니 2월 1일이 창수 생일이었다. 아차 싶어서 경영록을 봤더니 2월 1일이 생일 맞다. 세상에 이런 실수가 있나? 개학 준비를 게을리한 결과가 금방 나타났다. 개학 전에 와서 학급 달력을 만들었으면 이런 실수는 하지 않았을 텐데. 다른 아이들보다 더 잘 챙겨야 할 창수인데 말이다. 창수 어머니가 얼마나 섭섭했을까?

오늘 생일 편지를 써서 묶어 주고 업어 주었다. 아이들이 축하 노래를 부르니 저도 따라 부른다. 생일 편지 묶음 맨 앞장에는 생일인 아이가 부모님께 감사 편지를 쓰도록 되어 있다. 창수는 그 종이에다 우리 둘레에서 볼 수 있는 온갖 물건들 이름을 죽 썼다. 연필, 필통, 지우개, 칼, 책상…….

두 시간 마치고 양호실에서 차를 한 잔 마시는데 양호 선생님이,

"선생님, 창수를 두고 다른 학교에 어떻게 가시렵니까?"

한다. 행정실 백 여사도,

"그러게 말이에요. 발걸음이 떨어지겠습니까?"

한다.

1999년 2월 5일 금요일. 날씨가 많이 푸근해졌다.

안 그런데 그런 척

혜진이 일기 제목이 '안 그런데 그런 척'이다. 내용이 무척 궁금해서 얼른 읽었다.

어제 슬기로운 생활 시간에 지난 추석 때 돈을 얼마를 받았으며 그 받은 돈을 어디에 썼는지 조사를 했는데 그 때 거짓으로 대답했다는 이야기를 썼다. 그런 조사를 해 본 까닭은 지난 추석 때처럼 다가오는 설에도 '세뱃돈 잔돈으로 받기'를 숙제로 내기 위해서다. 이상하게도 대구지방에는 추석 때도 설날 세뱃돈 주는 것처럼 어른들이 아이들에게 돈을 준다. 그렇게 주는 돈이 아름다운 풍습이라 보기에는 너무 큰 돈이라 문제다 싶어서, 이 잔돈 받기 운동을 오래 전부터 해 오고 있다.

지웅이가 내 물음에 대답을 하기 위해서 일어나서 이렇게 말했다.

"저는 잔돈으로 받았지만, 모은 돈이 많아서 얼마인지는 모르지만 저금을 했습니다."

추석 지난 지가 너무 오래 되어서 기억이 잘 안 나는지 아이들이 손을 많이 들지 않았다. 혜진이가 손을 들었다. 지웅이가 혜진이를 시켰다.

"저는 그 때, 집에 있는 돼지 저금통에 저금을 했습니다."

혜진이 뒤를 이어 몇 아이들이 더 발표를 했다.

그런데 혜진이가 이 저금통에 저금을 했다는 말이 거짓이라는 것이다. 지웅이가 저금을 했다고 발표했고, 어디에 썼는지 생각은 안 나고 해서, 손을 들고 거짓말로 발표를 했다고 한다. 그게 어제 하루 종일 찜찜하고 마음이 편하지 않았는데 일기를 쓰고 나니까 마음이 후련해졌다고 썼다. 혜진이 일기를 읽을 때 마침 내 곁에 혜진이가 있었다.

"혜진아, 아주 정직하게 속마음을 잘 썼구나. 속이 후련해지고말고."
이러면서 혜진이 볼을 살짝 꼬집어 줬더니,

"선생님, 그 이야기 일기에 안 썼으면 우울증 걸렸을 거예요."
이런다.

"그래, 그렇고말고."

창수의 지혜

창수에게 가서 제 옆짝 지웅이를 가리키며 누구냐고 했더니 교실 뒤
환경판에 가서, 사진과 함께 이름을 써서 코팅해 붙여 놓은 표를 보고
오더니 "김지웅." 한다. 깜짝 놀랐다. 그렇게 대응시켜 알아 낼 생각을
어떻게 했을까? 영훈이, 한규, 가애, 종엽이, 다슬이 모두 그렇게 알아
냈다. 내가 잘 한다고 칭찬을 하고, 곁에서 구경하던 아이들도 알아 낼
때마다 "와!" 하면서 손뼉을 쳐 주었더니 저도 신이 나서 한다.

한 시간이 지난 뒤에 다시 창수에게 지웅이와 한규를 가리키며 이름을
물었더니 이번에는 뒷판에 가 보지 않고도 대뜸 알아 냈다. 더 놀랍다.
우리 반 아이들 이름을 전부 그렇게 알아맞히도록 해야겠다.

우리 반 아이들이 하루에 쓰는 용돈을 조사해 보았다.

100원쯤 쓰는 아이 : 2명
200원쯤 쓰는 아이 : 2명
300원쯤 쓰는 아이 : 9명
400원쯤 쓰는 아이 : 4명
500원쯤 쓰는 아이 : 9명
700원쯤 쓰는 아이 : 2명
1,000원쯤 쓰는 아이 : 2명

아이들이 대체로 돈을 많이 쓰는 편이다. 집안 형편이 어려운 배재은
도 날마다 700원쯤 쓴단다. 이런 조사를 해 보면 집안의 경제 사정과 용
돈은 별 상관 관계가 없다. 형편이 어려울수록 오히려 아이에게 돈을 많
이 주는 경향까지 보인다.

왜 그럴까? 집안 사정이 어렵다고 용돈 가지고 우리 집 아이 기죽이고 싶지 않다는 심리가 그런 결과를 가져오는 듯하다. 또 늘 바쁘게 사느라 아이를 돌봐 줄 시간이 적어서 미안한 마음을 용돈 조금 더 주는 것으로 나타내기도 하는 것 같다. 아이 용돈 주는 것도 다 교육인데…….

1999년 2월 8일 월요일. 봄날처럼 따뜻하다.

영희야, 반갑다

대구 숙청 초등 학교에서 전학을 왔다. 이름은 이영희고 덩치가 크다. 우리 아이들이 놀라서 물어 본다.

"1학년 맞아요?"

"1학년 맞지. 너희들도 밥 많이 먹고 영희처럼 얼른 쑥쑥 커라."

처음 보는 아이들이 덩치가 크다고 얘기하면, 안 그래도 어리둥절한 영희가 주눅들 수도 있겠다 싶어서 얼른 이렇게 말해 주었다.

"말이 없어요. 너무 답답할 정도로 말이 없어요."

영희 어머니의 첫마디다.

"괜찮습니다. 우리 교실에서는 아이들이 다 말을 잘 합니다. 영희도 머지않아 발표도 잘 하고 그럴 겁니다."

이렇게 말해 주었다. 그냥 인사치레로 하는 말이 아니라 정말 제 생각을 말하게 하는 데는 자신이 있어서 그렇게 말해 주었다.

한눈에 보기에도 덜렁대거나 까불 아이는 아니었다. 성격이 그러면 적응하기 어렵지 싶어서 가애와 짝을 지어 주었다. 가애 짝인 한규는 바로 뒤에 혼자 앉도록 했다.

가애가 친절하게 대해 주고 이것저것 잘 가르쳐 준다. 영희는 도무지 말이 없다.

넷째 시간에는 운동장에 나가서 오징어를 커다랗게 두 마리 그려 오징어 놀이를 재미있게 했다.

1999년 2월 11일 목요일.
마무리 가정 통신문

희수, 아란, 진재 생일 편지를 써 주었다.

학부모에게 가정 통신문을 보냈다. 1년을 마무리하면서, 3월 2일 첫 번째로 보낸 가정 통신문을 내놓고 그 때 약속한 것들을 하나하나 살펴 가면서 썼다. 첫날 한 약속 가운데 잘 지켜진 것들, 어느만큼은 지켜진 것들, 아주 만족스럽지 못한 일들을 하나하나 짚어 보았다. 만족스러운 일들보다는 잘 되지 않은 것이 더 많았다. 아무리 만족스럽지 못하더라도 나는 학년 말이 되면 이렇게 가정 통신문을 통해 반드시 마무리를 한다. 학년 초에 거창하게 이런 것들을 하겠습니다 하고는 학년 말에 슬쩍 넘어가 버리는 경우를 많이 본다. 이래서는 안 된다. 그게 불신의 씨앗이다.

내일 우리 교실에서 벌일 알뜰 장터 준비에 대한 안내문도 함께 보냈다.

1999년 2월 12일 금요일.
알뜰 장터

알뜰 장터를 열었다. 걸상을 둥그렇게 만들어 둘러앉은 뒤 가지고 온 물건들을 책상 위에 올려놓았다. 값은 100원에서부터 최고 300원까지로 매겼다. 갖가지 장난감, 책, 옷가지, 운동화, 실내화, 모자들이 전시되었다. 싱겁이 영훈이는 자기 물건이 잘 팔리지 않으니까,

"골라! 골라!"

하고 외쳤다.

아이들 모두가 무척 즐거워했다. 마지막까지 남은 물건은 유진이가 가져온 작은 운동화와 성혜의 실내화이다. 알뜰 장터를 끝내고 자기가 판 돈과 쓴 돈을 계산해 봤다.

1학년 때 겪은 일 쓰기를 했다. 일기와 다른 점과 같은 점을 이야기하고 썼다. 아이들이 잘 썼다. 이 글은 마지막 문집에 실을 계획이다.

1999년 2월 14일 일요일.

마지막 문집에 실을 글

마지막 문집에 실을 내 글을 썼다.

〈성큼 자라서 만나요〉

1998년 3월 3일은 여러분과 내가 처음 만난 날입니다. 그 날은 바람이 불어서 제법 추웠어요.

"앞으로 나란히."

이 말에 여러분들은 두 팔로 앞 사람을 껴안듯이 다닥다닥 붙어 섰어요. 그렇게 입학식을 한 지가 엊그제 같은데 벌써 일 년이 훌쩍 지났네요.

입학식 다음 날, 놀이터에서 그네타기, 정글짐 놀이를 하는데 여러분들은 빨리 교실에 들어가자고 야단이었어요.

신나는 교실 식구 여러분, 그렇게 빨리 들어가고 싶었던 교실에서

일 년을 어떻게 보냈나요? 재미있었나요? 지겹지는 않았나요? 둘 다라고요? 그렇겠지요.

신나는 교실 식구 여러분이 이 세상에 태어난 것은 정말이지 큰 축복이고 영광입니다. 이 세상에 여러분이 꼭 필요하기 때문에 태어난 것이랍니다. 수많은 사람의 얼굴이 다 다르듯이 여러분의 생각들도 다 다르지요. 따라서 나중에 커서 할 일도 똑같지 않답니다.

나중에 커서 훌륭한 일을 많이 하는 사람이 되려면 무엇보다 몸이 튼튼해야 합니다. 그러려면 밥도 많이 먹고 운동도 많이 해야겠지만 내가 늘 부탁한 두 가지 버릇 기르기를 잊지 말아야 합니다.

첫째, 공장에서 만들어 내는 먹을거리를 될 수 있으면 먹지 않는 버릇 기르기.

둘째, 아침마다 똥 누는 버릇 들이기.

이 두 가지 버릇 들이기 말입니다.

이 두 가지말고도 '집에 가자마자 일기 쓰는 버릇 기르기', '하루 40분쯤 지그시 앉아서 공부하기' 이것말고도 많지만 너무 많이 부탁하면 머리가 복잡해질까 봐 이쯤만 할게요.

참, 설이 다가오는데 세뱃돈 잔돈으로 받아서 해마다 책 한 권씩 사는 버릇도 잊지 마세요.

올해는 세뱃돈으로 무슨 책을 사서, '1999년 2월 16일 설날에 세뱃돈 받아서 샀음.' 이렇게 쓸까 궁금하네요.

신나는 교실 식구 여러분, 내가 버릇 이야기를 많이 했지요? 사람은 누구나 자기 버릇대로 살아가기 때문에 버릇 이야기를 자꾸 한 거예요.

우리 다음에 만날 때는 몸도 마음도 성큼 자라서 만나요.

1999년 2월 14일, 담임 윤태규.

기념 사진

1학년을 마치는 기념으로 찍은 사진을 찾았다. 보통 크기보다 조금 크게 뽑았다. 한 장에 250원이다. 1, 2, 3반 모두 다 그렇게 했다. 사진 밑에다 기념 사진이라는 것을 밝혀 적었다.

'1학년을 마치며, 1999년 2월 23일, 담임 윤태규' 이렇게 썼다. 사진 밑부분에서 색이 진한 곳을 찾아 물을 묻히고 그 위에다 볼펜으로 글씨를 쓰면 신기하게도 하얗게 잘 써진다. 볼펜은 잉크가 있는 것도 괜찮다. 잉크는 나오지 않는다. 1, 2, 3반 사진을 다 그렇게 쓰는데 쉽지가 않았다.

목소리를 간직할래요

요사이 날마다 학년 마무리를 한다. 오늘은 아이들의 목소리를 녹음했다. 1번부터 차례대로 나와서 1학년을 마치면서 생각나는 말을 하면 그걸 녹음해 놓는다. 우스운 이야기도 좋고, 언젠가 있었던 이야기도 좋고, 이제야 털어놓는 비밀스런 이야기도 좋다. "몇 번 누구입니다." 하는 말을 먼저 하고 할 말을 하도록 했다.

이번에도 처음에는 조금 어색하게 진행되는 듯하더니, 유진이가 울먹이기 시작해서 그만 울음바다가 되었다. 여자 아이들이 할 때는 너무나 많이 울어서 녹음하는 데 애를 먹었다. 나도 눈물을 참느라 애를 먹었다.

눈물로 헤어지기

1학년을 모두 마쳤다. 아이들을 하나하나 안아 주는데 놈들이 자꾸만 울어서 울음을 참느라 애를 먹었다. 우리 아이들은 내가 다른 학교로 간다는 사실을 모르고 있다. 운동장에서 종업식을 하고 내가 다른 학교로 간다는 것을 알면 더욱 많이 울겠지.

운동장에서 종업식을 하는 자리에서 떠난다는 인사말을 내가 일곱 명 선생님들을 대표해서 했다.

"나는 이 학교에 겨우 3년 있다가 떠나는데, 나와 이 학교 생활을 같이 시작한 아이들은 이제 겨우 학교 생활 절반을 보낸 3학년이니까, 이 학교의 주인은 여러분이 분명합니다. 주인은 당당해야 합니다. 씩씩해야 합니다."

이런 이야기를 하고 내려왔다. 종업식이 이어지고 있는데 4학년 쪽에서 아이들이 고개를 숙이고 울고 있다. 박은지가 눈물을 줄줄 흘린다. 혜숙이도 운다. 마음이 짠하다.

교실에 들어와서 훌쩍거리는 우리 아이들 등을 다독거려 돌려보냈다. 6학년인 정숙이와 윤정이도 저희 교실에서 마치고 우리 교실에 와서 잘 가라고 하더니 눈시울을 붉히고 갔다. 나는 자꾸만 눈물이 났다. 학교 옮기는 게 이번이 처음이 아닌데 왜 이렇게 눈물이 자꾸 나는지 모르겠다. 4학년 남자 아이들인 태효, 수영, 수호, 찬현이 들이 와서 울 듯 말 듯하다가 간다. 억지로 눈물을 참느라 금방 돌아서 가 버렸다.

아이들이 다 가고 책상 정리를 해 주시면서 창수 어머니가 자꾸 우셨다. 창수 어머니의 눈물을 안다. 창수가 걱정이다. 나야 이렇게 훌쩍 떠나면 그만이지만 창수가 걱정이다. 눈물을 참느라고 일부러 교실 여기저기를 다니면서 떨어진 작은 티끌을 줍는데 4학년 혜숙이가 엉엉 소리를 내며 울면서 왔다.

"자식아, 울기는 왜 이렇게 울어."

혜숙이는 아무 말도 하지 않고 그냥 내 가슴에 얼굴을 묻고 펑펑 울기만 했다. 손가락 빗으로 머리를 빗겨 주고는 등을 떠밀어 보냈더니 훌쩍이면서 갔다. 창수 어머니도 그만, 울면서 문 밖으로 나가 버렸다.

우리 반에는 상이 참으로 많다

우리 반에는 상이 참으로 많습니다. 다달이 연필 깎기 대회를 하여 주는 손재주 있다 상, 밥을 찬찬히 잘 먹는다고 주는 상, 오징어진 놀이 열심히 한 상, 맨발로 잘 걸어다닌 상, 심지어는 결석을 하면 그 뒷날 결석을 한 상을 당장 줍니다. 외할아버지 회갑에 가느라고 결석을 했다면 진짜로 상을 받을 만큼 좋은 공부를 한 것이니까요. 아파서 여러 날 결석을 하다가 학교에 나왔다면, 치료를 잘 받아서 건강해졌으니 더욱 더 칭찬받을 일이 고맙고입니다.

상은 칭찬의 한 방법입니다. 칭찬은 많을수록 좋지만 둘레의 다른 사람들을 주눅들게 한다면 그런 칭찬은 없는 게 좋다 싶습니다. 받는 사람은 신나고 그것을 지켜보는 다른 아이들이 주눅들지 않는 상, 그게 바로 제대로 된 상입니다.

이렇게 내가 주는 상말고도 우리 반에는 또다른 상이 있습니다. 상장 주는 날을 정해서 아이들이 서로서로 상장 주고받기를 하는 것입니다. 학용품 빌려 줘서 고맙다는 상, 생일날 불러 줘서 고맙다는 상과 같은 온갖 상장이 다 나옵니다. 또 이 날은 나도 상장을 받습니다.

내가 아이들에게 주는 상에 '위의 어린이는' 이라고 쓰니까 '위의 어른
은' 이 딱 맞는 말입니다. 딱 맞는 말인데도 이 말이 얼마나 재미있게 느껴
지는지 모르겠습니다.

삐뚤삐뚤 컸다가 작았다가 그러나 나름대로 공을 들여 쓴 1학년 아이들
의 상장 글씨, 나는 보고 또 보고, 읽고 또 읽습니다. 그러고는 소중히 보
관해 둡니다.

4장 선생님, 모르고 그랬어요

2001년

대구 종로 초등 학교 1학년 1반

3월

2001년 3월 6일 화요일. 쌀쌀하다.

주현이가 없어졌어요

　교실 뒷정리를 하고 6시쯤 퇴근을 하려는데 6학년 혜림이 아버지한테서 손전화가 왔다. 자기 집에서 술 한잔 하자고 그런다. 남자 선생님들 다 같이 오란다. 남자 선생이래야 모두 세 사람이다. 4학년 이 선생님은 바쁜 일이 있다고 해서 둘이서 갔다. 혜림이 집은 생맥주 집이다. 부담 없이 술을 마실 수 있는 집이다. 혜림이 아버지가 술을 살 때도 있고 내가 술을 살 때도 있다. 2학년 임 선생님하고 같이 갔다. 셋이서 생맥주 몇 잔을 마시고 있는데 손전화가 왔다. 박주현 어머니다. 주현이가 아직 집에 들어오지 않았단다. 시계를 보니 8시가 넘어서고 있었다. 술이 확 깼다.

　택시를 잡아 타고 학교로 갔다. 우리 반 아이들 전화 번호를 적어 놓은 쪽지를 교무실 전화기 옆에 갖다 놓고 이리저리 전화를 했다. 우선 주현이 근처에 앉은 아이들부터 전화를 했다. 없었다. 스무 명 넘게 했는데도 없었다. 주현이 부모 내외분이 교무실로 왔다.

　"너무 걱정 마세요. 틀림없이 우리 반 아이들 집에 가 있을 겁니다."

　발을 동동 구르는 주현이 어머니를 이렇게 위로해 놓고 계속 전화를 걸었다.

한참 확인을 해 나가는데 주현이 어머니 손전화로 전화가 왔다. 지혜 아버지다. 주현이가 거기 있다는 전화다. 신지혜네 집에서 놀고 있단다. 지혜 아버지가 지금 막 집에 들어와 보니 주현이가 있어서 전화를 했단다.

"그냥 넘겨서는 안 되지만 너무 심하게 야단치지 마세요. 동무를 사귀어서 이렇게 논다는 것은 학교 생활에 아주 잘 적응하고 있다는 것입니다. 반가운 일이지요. 그러나 그냥 넘겨서는 안 됩니다. 다음부터는 부모님에게 알리고 놀겠다는 약속을 단단히 받아 두는 게 좋습니다."

이리저리 전화를 하면서 별별 나쁜 생각을 다 했던 것이 방정맞았다는 생각을 하면서 캄캄한 운동장을 걸어 나왔다.

2001년 3월 7일 수요일. 쌀쌀하다.

선생님, 억울해요

공부 시간에 지훈이가 슬프게 울고 있다. 왜 우느냐고 했더니 억울하단다. 무엇이 그리 억울하냐고 지훈이 옆에 딱 붙어 앉아 그윽히 바라보면서 물었더니, 교장 선생님에게 억울하게 꾸중을 들었단다. 새 실내화 때문에 발가락이 아파서 한 발로 팔짝팔짝 뛰어갔는데 그걸 모르고 교장 선생님이 복도에서 조용히 안 다닌다고 야단을 쳤단다.

"어이구, 저런! 그랬어? 발가락이 아파서 그랬다고 말씀드릴 것이지."

이러면서 머리를 쓰다듬어 주었더니,

"왜 그러느냐고 묻지도 않고 소리를 지르면서 야단을 쳤어요."

"교장 선생님이 지훈이가 발가락이 아픈 것을 몰랐구나, 저런!"

허락받고 놀러 가기

신지혜와 박주현이를 앞으로 불러 내 놓고 아이들에게 어제 있었던 이야기를 했다.

"지혜와 주현이가 금방 친한 동무가 되어서 함께 집에 놀러도 가고 그랬어요. 참 좋은 일이지요. 그런데 말입니다. 두 아이가 그만 실수를 했어요. 그만 깜빡 잊고 부모님에게 허락을 받지 않았어요. 그래서 어제 주현이 부모님이 주현이를 찾느라고 난리가 났어요."

"알아요. 우리 집에도 전화가 왔어요."

집집마다 전화가 오고 가고 했으니 아이들은 다 알고 있다. 또 부모님들이 이 일을 두고 아이들에게 단단히 일러 두기도 했을 터이다.

"처음이라서 선생님이 야단을 안 치는데 앞으로 절대로 이런 일이 있으면 안 됩니다. 알겠지요?"

주현이와 지혜가 좋은 공부를 할 기회를 만들어 주었다. 이럴 때 교사는 속으로는 고마운 마음이 든다.

2001년 3월 15일 목요일. 따뜻하다.
미선이

－아침에 똥 누고 온 사람 : 27명

－아침밥 안 먹고 온 사람 : 3명

아침 방송 시간인데 미선이가 없다. 가방은 있는데 아이는 없다. 아이들 이야기로는 울면서 집으로 가더란다. 한 시간을 마치고 집에 전화를 걸어 봤는데 아무도 받지 않는다. 둘째 시간 공부를 하고 있으니까 유치원 선생님이 꺽꺽거리며 울고 있는 미선이를 데리고 왔다. 미선이 손에는 무슨 종이가 들려 있다. 어쩐 일이냐고 물었더니 우느라고 대답을 못했다. 다 울고 얘기를 해 달라고 했더니 숙제 종이를 잊고 와서 그걸 가지러 갔단다. 그런데 오니까 벌써 공부를 시작해서 못 들어왔단다.

"아이구, 이눔아, 왜 교실에 못 들어와? 이 교실이 누구 교실인데."

이 일을 두고 아이들에게 세 가지 이야기를 했다.

하나는 칭찬이다. 숙제를 깜빡했는데 학교에 와서 그걸 알고 집으로 달려갔으니 참으로 책임감이 있다는 칭찬을 받을 만하다는 것이다.

다음으로는 잘못된 점을 이야기했다. 학교에 왔다가 집에 가야 할 일이 있으면 반드시 선생님과 의논을 한 뒤에 가야 되는데 그걸 어겼다는 것과, 신나는 교실의 주인이 자기 교실에 들어오는데 무서워서 운 것은 잘못이라는 이야기를 했다. 정말 당당하고 자신있게 우리 교실에서 공부하자는 이야기를 했다.

밥 먹기 연습

셋째 시간에는 급식실에 가서 식당에서 조용히 밥 먹는 연습을 했다. 식판 들고 음식 받는 방법, 자기 자리 고르기, 음식 남기지 않고 먹기, 밥 먹을 때 물 마시지 않기, 일어설 때는 자기가 밥 먹고 난 자리 살피고 걸상 반듯하게 집어 넣기 따위를 공부했다. 이런 공부는 생활에서 가장 기본이 되는 중요한 공부이다. 어쩌면 한 번 공부로 평생 올바른 버릇을 들일 수도 있다. 죽을 때까지 하루도 거르지 않는 게 밥 먹는 일이다. 정말이지 밥 먹는 버릇은 처음부터 바르게 들여야 한다.

우유

오늘부터 우유를 마신다. 첫 시간을 마치고 다 같이 자리에 얌전히 앉아서 우유 마시기를 했다. 내가 먼저 시범을 보이면서 차례차례 이야기를 해 주었다.

1. 반드시 자리에 앉아서 마실 것.
2. 마시던 우유곽은 책상 위에 엎어 두지 말 것.
3. 천천히 마시되 씹어먹듯이 마실 것.
4. 다 마시고는 우유곽 꽁무니를 세 번 톡톡 소리 내어 털 것.
5. 다 마신 우유곽을 잘 접어서 정육면체를 만들 것.
6. 모둠의 우유 당번이 우유곽 네 개를 가져와서 상자에 차곡차곡 담을 것.

처음부터 바르게 해야 한다. 몇 번만 지켜보면 아이들은 금방 바르게 한다. 양승하가 우유를 잘 못 마신다. 아주 싫어하는 모습이 눈에 보인다. 그래서 승하 어머니에게 전화를 해 봤더니 우유를 좋아하는 것은 아니지만 아주 못 마시는 건 아니란다. 천천히 먹게 하면 될 듯싶었다.

시간 지키기

오늘부터 두 시간을 마치고 중간 놀이 시간 20분 동안 놀이터에 가서 놀기로 했다. 놀다가 학교 꼭대기에 있는 큰 시계를 쳐다보고 큰 바늘이 11자에 가면 손 씻고 들어와야 한다고 일렀다. 오늘이 첫날이라서 나도 따라나갔다. 아이들이 신나게 잘 논다. 그네타기를 가장 좋아한다. 10

시 55분이 지나가는데도 어느 한 놈 시계를 쳐다보는 놈이 없다. 내가 들어가자고 하니 그제야 시계를 쳐다본다. 내일은 내가 나가지 않고 교실에서 기다려 봐야지. 만약 약속한 시간보다 늦게 들어오면 크게 화가 난 것처럼 해야지. 그리고 시간 지키기, 약속이라는 것도 함께 공부를 해야지.

그네는 문경 시골에서 이사를 온 심정아가 가장 잘 탄다. 다른 아이들은 그냥 흔들흔들하거나 누군가가 밀어 줘야 하는데 정아는 혼자서 사뿐사뿐 잘도 탄다. 워낙 귀엽게 타길래 그네에서 내리는 놈을 덜렁 안아 주었다. 어디서 그네타기를 배웠느냐고 했더니 시골 초등 학교에서 날마다 그네를 탔단다. 그렇지, 그러니 잘 타지.

넷째 시간에 '땅 속 나라 도둑 잡기 이야기'를 하다가 시간이 모자라서 가운데를 뚝 끊어 두었다. 내일 이어서 해 주기로 하고 식당에 가려고 줄을 섰다.

2001년 3월 23일 목요일. 따뜻했다.
청거북이

지훈이 어머니와 국태 어머니가 오후에 교실에 왔다. 어항을 하나 사주겠단다. 그래서 그럴 필요가 없다면서 발명실로 갔다. 거기에는 실험용 작은 어항이 참 많다. 두 개쯤 교실에 갖다가 써도 충분할 만큼 있다. 그걸 가지고 와서 깨끗이 씻어 두었다. 거기에 청거북을 기를 생각이다. 아이들은 청거북을 참 좋아한다. 작은 어항이 두 개니까 한 개에는 금붕어를 키워도 되지만 그냥 빈 어항에 물레방아만 예쁘게 돌아가도록 해두었다. 금붕어는 예쁘기는 한데 잘 죽는다. 교실에서 목숨이 자꾸 죽어나가게 한다는 건 결코 바람직하지 못하다. 국태 어머니가 내일 청거북

다섯 마리를 보내 주겠다고 했다.

성원이가 아침부터 코피를 펑펑 쏟았다. 어제도 코피를 흘려서 혼자서 닦으라고 했더니 화장지를 많이 쓰긴 했지만 혼자서 잘 처리했다. 그래서 다 같이 손뼉까지 쳐 주었는데 오늘 또 코피를 쏟는다. 안 되겠다 싶어서 집에 전화를 했더니, 병원에 가도 혈관이 약해서 그런다면서 별수가 없단다. 그냥 코피를 닦게 하면 된단다.

음식 먹는 버릇

아침 안 먹고 온 사람을 조사했더니 오늘은 두 사람뿐이다. 원준이는 감기가 들어서 안 먹었다고 했지만 수진이는 어머니가 밥을 안 해 줘서 못 먹고 왔단다. 오후에 수진이 어머니에게 전화를 해 봐야겠다. 아무리 바빠도 그렇지 아이 밥을 안 먹여 보내다니. 가정 통신문을 강하게 써서 보내야겠다.

밥 먹는 버릇이 크게 잘못 든 아이들이 꽤나 많다. 나물은 입에도 대기 싫어하는 아이, 자꾸만 남기는 아이, 밥만 보면 구역질까지 하는 아이도 있다. 조금 지나치다 싶을 만큼 다그쳐서라도 버릇을 바르게 들이도록 해야겠다.

4월

2001년 4월 2일 월요일. 바람이 조금 불었지만 따뜻하다.

진경이

진경이가 교실에 들어서기가 바쁘게 손짓을 해서 불렀다. 그러고는 꼭 안아 주었다. 다른 아이보다 더 많이 오래 안아 주었다.

"어제 어머니에게 매맞았어?"

"예."

"많이?"

"예."

"많이 아팠어?"

"예."

"아이구, 우리 진경이 많이 아팠어? 진경아. 괜찮아. 사람은 누구나 실수를 하는 거야. 옛날에 선생님도 그런 실수를 했어요."

진경이가 고개를 끄덕끄덕했다.

"그런데 말이야, 그런 실수를 또 하고 또 하고 그러지 않으면 되는 거야. 알겠어?"

"예."

엉덩이를 툭툭 쳐 주었더니 한결 밝아진 얼굴로 자리에 들어갔다.

오후에 진경이 어머니가 왔다.

"아이들이 남의 돈을 슬쩍했다고 해서 마치 아이가 도둑이라도 된 것처럼 야단스럽게 하지 마세요. 물론 그냥 넘겨서는 안 되지만 너무 큰 일이 난 것처럼 그러면 오히려 일이 더 잘못될 수 있습니다. 아이들이 자라며 겪는 통과 의례거니 하세요. 경우에 따라서는 일부러 모른 척하고 지켜보기만 할 필요가 있을 때도 있습니다."

진경이 어머니도 크게 안심을 하고 돌아갔다. 아이에게 어떤 문제가 생겼을 때 진경이 어머니처럼 그때 그때 상담을 해 오는 것은 참으로 좋은 일이다.

2001년 4월 7일 토요일. 쾌청하다.

선생님은 왜 실내화 신고 들어가요?

교실 뒤편에 블록으로 된 깔판을 깔았다. 작년 선생님이 사 둔 것인데 교실 구석에 쌓아 두었기에 그걸 펴서 깔았다. 아이들이 그 위에 앉아서 놀길래 실내화를 벗고 들어가기로 정했다.

국어 읽기 시간에 짝과 주사위 놀이를 하는 게 있어서 사물함 위에 있는 주사위 상자를 꺼내려고 급히 그리로 갔다. 수업 중이라서 급한 김에 실내화를 신고 들어가서 상자를 꺼냈다. 그 때 맨 뒷자리에 앉아 있는 주원이가,

"선생님은 왜 실내화 신고 들어가는 거예요?"

아차 싶었다.

"아이구, 맞다. 내가 급히 서둘다 그만 깜빡했다. 이제부턴 지킬게."

이렇게 변명을 했다.

오후에 아이들 보내고 교실 뒤편 자료대 바구니에 있는 가위를 꺼내러 갔다가 아까 그 생각이 나서 얼른 실내화를 벗고 들어갔다. 비록 아이들

이 보지 않더라도 약속을 지켜야 한다 싶어서 그렇게 했다. 그러고 나니 아까 미안했던 마음이 조금 덜어졌다.

꽃 선물

미선이가 교실에 들어서면서,

"선생님!"

하면서 향기 짙은 라일락을 한 아름 내민다.

"할머니가 줬어요. 이것도요."

꽃을 꽂을 수 있는 병도 함께 내민다. 입이 넓고 큰 병이다. 무슨 약병 같다. 그걸 안고 오느라 힘들었겠다. 향기가 코를 찌른다.

"아이구, 고맙다."

미선이는 어머니가 없다. 아버지도 거의 집에 들어오지 않는 모양이다. 할머니 세 분과 같이 산다고 하는데, 미선이 말로는 할머니, 본할머니, 외할머니 이렇게 같이 산다고 했다. 이렇게 신경을 써 주는 할머니가 고맙다.

"우리 집에 많아요."

"그래, 할머니에게 고맙다 그래라."

"예."

울 때는 말을 못 해요

아침밥 안 먹고 온 사람이 다섯이나 되었다. 큰일이다. 아무리 바빠도 그렇지.

두 시간을 마치고 아이들이 10시 55분까지 놀다가 들어오도록 되어 있다. 그래야 11시부터 셋째 시간 공부를 할 수 있기 때문이다. 아이들 이 학교 정면에 달린 큰 시계를 보고 아주 잘 지킨다.

그런데 오늘은 박주현이가 그걸 못 지켰다. 셋째 시간 공부가 시작되 었는데도 들어오지 않는다.

'운동장에 아이들이 하나도 없는 것을 깨닫는 순간 부리나케 달려오 겠지. 오냐, 잘 되었다. 이 자식 들어오기만 해 봐라. 단단히 야단을 쳐야겠다.'

이 기회에 시간 지키기 공부를 해야겠다는 생각을 하니 실수를 해 준 주현이가 고맙기까지 했다. 그런데 10분이 지나도 들어오지 않았다. 지 훈이를 보냈더니, 글쎄 서럽게 서럽게 울면서 들어온다. 늦은 것을 깨닫 는 순간 그만 겁이 나서 못 들어온 모양이다.

"주현아, 이리 와! 왜 이제 들어오는 거야? 그리고 울기는 왜 울어?"

이렇게 주현이를 보고 다그쳤더니 우리 아이들 몇이,

"선생님, 울 때는 말을 못 해요."

이러는 게 아닌가! 아이구, 맞다. 울 때는 말을 못 하고말고. 내가 아이 들보다 못하다 싶어서,

"오냐, 그래 맞다. 울음 그친 뒤에 말해 다고."

이러면서 들어가게 했다.

2001년 4월 12일 목요일. 쌀쌀한 게 보통 봄 날씨다.

발표

첫 시간 시작하기 전에 어제 들꽃 학습 가서 보고 느낀 것을 이야기하

도록 했더니 아이들이 아주 잘 했다. 나는 아무리 간단한 것을 묻고 답할 때도 내 물음과 동시에는 손을 들지 못하도록 하고 있다. 물음과 대답 사이에 생각하는 단계를 반드시 넣는다.

"봄이 지나면 어떤 계절이 오나요?" 이런 간단한 물음을 던졌다고 해 보자. 마지막 '요'라는 말이 채 나오기도 전에 "저요, 저요!" 아주 활발한 발표의 장이 된다. 쉬운 문제일수록 많은 아이들이 "저요, 저요!" 하고 법석을 떤다.

아이들에게 무엇을 묻고 답하는 공부의 대부분은 발표가 목적이 아니다. 발표를 하기 위해서 생각하고, 조사하고, 살펴보고, 겪어 보는 일 따위가 본래의 목적이다. 그렇다면,

"무엇이지요?"

"저요!"

"말해 보세요."

"무엇입니다."

"잘 했어요."

일반 대화 같은 이런 말하기는 발표 앞 단계를 목적으로 하는 수업 현장에서는 있어서는 안 된다.

이는 발표 앞 단계를 없애 버리는 잘못도 잘못이지만, 곧바로 "저요!" 하면서 손을 드는 몇몇 아이들말고 다른 아이들이 그 학습에 참여할 기회를 빼앗아 버린다는 데 더 큰 문제가 있다. 생각이 조금 늦는 아이들은 자랑스럽게 "저요!" 하는 아이들 때문에 자기의 생각은 접어 버리고, 먼저 손 든 아이들이 발표하는 모습을 구경할 수밖에 없게 되는 것이다.

"어제 들꽃 학습에서 보고 느낀 것을 말해 봅시다."

이 물음에 아이들은 손을 들지 않고 어제를 떠올려 보고 발표할 준비를 한다. 말할 준비가 다 된 아이는 "저요!"가 아니라 준비가 다 되었다는 표시를 한다. 우리 반에서는 왼손을 들어 반짝반짝 한다. 표시를 끝

낸 사람은 자기가 발표를 한다고 생각하고 속으로 말을 해 본다. 발표 연습이다. 이 때 반짝반짝 하고 표시를 한 아이 숫자를 세어서 어느만큼 되었다고 생각이 들면 그제야,

"자, 누구부터 시작할까요?"

이러면 준비를 해 두었던 아이들이 손을 들고 "저요!" 하든지 아니면 그 냥 손만 들든지 하면 된다. 이 때 한 아이를 시켜 놓으면 내 할 일은 거 의 끝난다. 처음 발표를 한 아이가 이야기를 끝내고는 그 아이가 질문을 받든지 다른 발표 희망자를 시키면 된다.

처음에는 명아가 발표를 했는데 아이들이 벌을 잡아서 죽인 이야기를 하면서 그건 너무 잔인한 일이라고 생각한단다. 그 때 순규가 어디서 누 가 그렇게 했느냐고 질문을 하니 누구라고 이름을 밝힐 수는 없단다. 그 러자 앉아 있는 아이들 입에서 누구누구 이름이 나왔다. 명아가 소진이 를 시키고 앉았다. 소진이는 애기똥풀에서 똥 같은 색깔이 나오는 게 신 기했다고 하고는 이지현을 시켰다. 이 때 몇 군데서 작은 소리로 여자들 끼리 한다는 불평이 조금 들렸다. 지현이는 꽃싸움한 게 가장 재미있었 다고 하고는 지훈이를 시켰다. 지훈이는 주원이를, 주원이는 순규를, 순 규는 찬주를, 찬주는 다솜이를 시켰다. 다솜이가 "또 발표할 사람 없습 니까?" 했을 때 내가 손을 들었다. 발표를 하고 싶었지만 기회가 돌아오 지 못한 아이들이 여기저기서 "에이." 하면서 못마땅해한다. 다솜이가 나를 시켜서 이 이야기는 끝이 났다. 첫 시간인 슬기로운 생활 공부 시 간이 많이 흘렀다. 그러나 괜찮다. 이게 바로 슬기로운 생활 공부이고 말하기 · 듣기 공부가 아닌가!

정말 우리 아이들이 말하기 공부를 참 잘 한다. 사실 6학년도 이만큼 하기가 쉽지 않다. 정말 잘 했다고 칭찬을 해 주었다. 그리고 계속 손을 들었지만 그만 내가 중간에 끊어 버리는 바람에 발표를 못 한 아이들에게 미안하나 하고는 첫째 시간 공부를 시작했다. 아주 기분 좋게 시작했다.

병국이

두 시간 마치고 화장실에 갔다 오는데 아이들이 숨이 턱에 차서 나를 쫓아왔다.

"선생님, 병국이 피 나요. 머리에 피가 철철 나요."

대번에 많이 다쳤다는 느낌이 왔다. 그러나 뛰지는 않았다. 이럴 때일수록 침착해야 한다. 그래야 아이들이 덜 놀란다.

그네 옆에 서 있는 병국이 얼굴은 온통 피투성이다. 어떤 아이가 "귀신같이 무섭다."고 했는데 정말 그렇다. 눈만 빠끔하게 보인다. 눈언저리가 터졌다. 그네에 받혔단다. 다행히 눈은 괜찮은 듯싶다.

교문 바로 앞에 있는 김준 정형 외과에 갔다. 손님들이 병국이 모습을 보고 모두 놀란다. 몇 바늘 꿰맸다. 엑스레이 촬영 결과 뼈에는 이상이 없단다. 상처 부위가 머리털이 있는 곳이고 또 상처가 크지 않아서 흉터 걱정도 안 해도 된단다. 치료를 끝내고 병국이 어머니를 기다리는데, 의자에 앉아 있던 병국이가 나한테 아주 자연스럽게 안긴다. 손님들이 이상하단다. 선생한테 안기는 게 마치 아버지한테 안기는 것 같단다. 우리 교실에서는 이게 참으로 자연스러운데 다른 사람들 눈에는 이상하게 비칠 수도 있겠지. 손전화로 2반 선생님에게 우리 반 아이들을 부탁했다.

아이가 다쳤을 때 나머지 아이들 다 팽개쳐 놓고 병원에 아이를 데려가야 하는 게 우리의 분명한 현실이다. 우리 학교는 작은 학교라서 양호교사가 없다. 다른 학교에서 2주일에 한 번 온다. 아이들은 날 잡아서 다치든지 아프든지 해야만 한다. 나라 안의 모든 사람들이 이걸 알기나 할까? 이러고도 우리가 경제협력개발기구(OECD)에 가입했으니 선진국 대열에 들어갔다고 하겠지?

그래도 우리 학교는 교문 바로 앞에 병원이 있어서 낫다. 아이를 차에 신고 멀리까지 가야 하는 시골 학교에서 이런 일을 당하면 참으로 난감하다. 우리 반이 걱정되어서 병원에서 두 번이나 옆 반 선생님에게 전화를 했다. 자기 반 아이들 건사하기도 쉽지 않은데, 옆 반에게까지 피해를 준다. 이게 오늘의 교육 환경이다. 힘차게 교육 개혁을 추진하고, 7차 교육 과정을 정착시키고 있는 교육의 정확한 모습이다.

2001년 4월 27일 금요일. 쾌청하다.

소풍

비슬산으로 소풍을 갔다. 전세 버스 세 대에 나누어 타고 1, 2학년 네 반이 함께 갔다.

점심을 먹은 뒤에 우리 1학년 1, 2반은 돋보기를 들고 들풀을 살피러 갔다. 빛 모으기를 해서는 절대 안 된다는 당부를 몇 번이나 하고서. 쇠뜨기 뜯어서 꽂기 놀이도 하고, 꽃술 싸움도 하고, 생강나무를 꺾어 냄새도 맡아 보았다. 생강나무를 꺾어서 냄새를 맡게 했더니 아이들이 무슨 냄새가 난다고 난리다. 그 냄새가 생강 냄새라는 것은 알 턱이 없다. 어머니들도 그 냄새를 모른다. 내가, 생강 냄새가 난다고 해서 생강나무라고 한다고 했더니 그제야 한 어머니가 생강나무를 안단다. 그 냄새 맞단다.

민들레꽃 대궁으로 피리를 만들어 불기도 하고 아주 재미있게 시간을 보냈다.

2학년은 고무 풍선을 가지고 놀이를 한다. 놀이도 때와 장소에 맞게 해야 한다. 그런 놀이는 학교에서도 할 수 있고 언제라도 할 수 있다. 모처럼 맑은 봄날을 잡아 산으로 소풍을 왔으니 거기에 맞는 놀이를 해야 한다. 얼마나 귀한 시간인가? 그렇다고 공책을 준비해서 이것저것 마구 적게 하는 것도 옳지 않다. 그렇게 하면 더 많은 공부를 할는지 모르겠지만 소풍의 즐거움을 송두리째 빼앗아 버리는 결과가 되니 말이다.

2001년 4월 30일 월요일. 비가 내렸다.
모르고 그랬어요

종이 모으는 상자에 비닐 테이프가 붙은 종이가 들어 있다. 조금 전까지 없었는데 누가 이런 짓을 했다. 화가 났다. 잡쓰레기를 잡쓰레기통에 넣고, 못 쓰는 종이를 종이 모으는 상자에 넣는 일은 독립 운동에 못지 않은 훌륭한 일이라고 기회 있을 때마다 이야기를 했는데 오늘도 또 이런 일이 벌어졌다. 설령 독립 운동을 잘 모른다고 해도 여러 가지로 알아듣도록 이야기를 했건만 또 이런 일이 벌어졌다. 누가 그랬느냐고 물어 볼 필요도 없다. 모두들 시치미를 뗄 게 뻔하다. 괜히 그렇게 물어 정직하지 못하니 너희들한테 실망했느니 할 필요가 없다. 그냥 "자, 여기 보세요." 하고 그걸 들어 보이면서 다시 한 번 공부하는 기회로 삼으면 된다. 그렇지만 한번 물어 보고 싶었다.

"자, 여기 보세요. 비닐 테이프가 붙은 종이를 누가 여기 버렸어요. 이럴 땐 어떻게 해야 한다고 했지요?"

"비닐 테이프는 뜯어서 잡쓰레기통에 넣고 종이만 넣어야 해요."

아이들이 합창을 하듯이 입을 모은다.

"그런데 이걸 여기에 버렸어요. 누가 그랬지요?"

한참 있으니까 상수가 겁먹은 자세로 손을 들었다. 정말 뜻밖이었다. 얼마나 고마웠는지 모른다.

"상수가 그랬어? 왜?"

내 말이 굉장히 부드러웠던 모양이다. 손을 들 때는 겁먹은 표정이었

는데,

"모르고요."

대답은 아주 또렷하게 한다.

"몰랐다고? 그래, 사람은 누구라도 실수를 할 수 있지. 이젠 알았지?"

"예."

상수가 스스로 제가 그랬다고 한 것에 대해 칭찬을 해 주었다.

"모르고 그랬어요."

"모르고 알림장을 안 봐서 준비물 못 가져왔어요."

"모르고 숙제 안 했어요."

전부가 '모르고'다. 틀린 말이 아니다. 알고 일부러 그러지는 않았을 테니까 말이다. '잊어버리고'라고 해야 할 말도 '모르고'다.

잡쓰레기와 종이 나누어 버리기. 교사가 아이들이 보는 앞에서 비닐테이프 붙은 종이를 제대로 버리는 모습을 몇 번만 보여 주면 가장 확실한 교육이 된다. 하지만 이처럼 모르고 할 때도 있다. 이게 아이들이고 1학년이다.

5월

2001년 5월 10일 목요일. 쌀쌀하다.
아이들은 참 잘 넘어진다

1학년 아이들은 참 잘 넘어진다. 앞에 책가방이 있으면 거기에 걸려서 넘어지고, 책상에 받혀 넘어진다. 놀다가 어디에 걸리지 않아도 넘어진다. 어찌 그리 잘 넘어지는지 모르겠다. 아이들이 넘어지는 것을 볼 때마다 나는 우습다. 어떨 때는 "하하." 소리 내어 웃어 버리기도 한다. 1학년 아이들이 또 잘 하는 게 있다. 토하는 거다. 우유 먹다가도 올리고 밥 먹다가도 올린다. 감기 들어서 올리고 현장 학습 가다가도 올리고…….

2001년 5월 14일 월요일. 덥다.
괜찮아

오늘은 시민 운동장 실내 체육관에 스케이트 타러 가는 날이다. 그래서 책가방에 공책을 넣어 온 아이도 있고 빈 가방을 가져 온 아이도 있다. 그런데 아이들이 너무 떠들어서 여느 때처럼 쓰기 아침 자습을 냈다. 그 때 장주현이 내 곁으로 오더니 걱정스런 얼굴로,

"엄마가요, 참 어머니가요, 쓰기 공책을 가져가지 말라고 했어요."

'엄마' 대신에 '어머니'라고 하자고 했더니 버릇이 안 된 아이들이 늘 '엄마'라고 하다가 '어머니'라고 고쳐서 말한다. 그러면서 눈물이 글썽글썽한다. 눈물이 많은 아이다.

"그래? 그럼 어쩌지?"

주현이는 자리에 앉아서도 걱정이 얼굴에 가득하다. 가까이 가서,

"주현아, 공책 없으면 쓰지 않아도 돼."

이랬더니 그제야 얼굴이 펴진다.

2001년 5월 15일 월요일. 덥다.

선물

스승의 날이다. 교실에 들어오는 아이들은 약속이라도 한 듯이 선물 꾸러미를 하나씩 들고 있다. 쑥쑥 내민다. 아무리 1학년이지만 그걸 널름널름 받으려니 손이 부끄럽다.

혜진이와 지훈이와 몇몇 아이들은,

"선생님, 용돈 모아서 샀어요."

이러면서 내민다.

"아이구, 그래. 고맙다."

오늘도 가장 일찍 온 미선이, 빈손으로 온 미선이가 어리둥절해한다. 미선이는 전혀 생각지 못했던 일들이 지금 눈 앞에서 벌어지고 있으니 그렇다. 미선이는 할머니와 함께 산다.

첫째 시간 시작하려는데 아이들이 입을 모아,

"선생님, 사랑해요!"

이런다. 부모님이 시킨 모양이다.

아이들을 보내기 전에 선물 이야기를 했다. 선물은 마음의 선물이 가장 좋고 반가운 것이다. 여러분들은 12일에 모두 나에게 편지를 썼으니 나는 정말 반가운 선물을 벌써 받았다. 이런 이야기를 했다. 미선이처럼 선물을 가져오지 못한 아이들을 생각하며 이야기를 했다.

2001년 5월 16일 화요일. 덥다.

미선이 선물

6시 50분쯤에 학교에 닿았다. 다른 날보다 30분쯤 일찍 왔다. 아내가 등산 가는 데 데려다 주고 바로 와서 그렇다.

실내화로 바꿔 신으려고 하는데 실내화 위에 무엇이 얹혀 있었다. 무엇일까? 미선이가 넣어 놓은 것이다. 편지와 함께 종이에 돌돌 말아 싼 어린이용 샤프 한 개다. 어제 집에 가서 할머니에게 졸라서 샀거나 아니면 제 용돈으로 샀으리라.

> 사랑하는 윤태규
> 선생닌, 저 선생니 사
> 랑해요. 그리고 나는
> 친구는 말로만 하새요.
> 미선이 올림.

자식. 눈물이 핑 돌았다. 편지를 읽고 또 읽었다. '친구는 말로만 하새요.' 그게 무슨 뜻인지 도무지 모르겠다.

아이들의 말

찬주에게 생일 축하 편지를 쓸 종이를 아이들 책상 위에 나누어 놓고, 일찍 온 아이들과 복도를 밀대로 닦는 봉사 활동을 하러 가자고 했더니 재영이는 가지 않겠단다.

"왜? 봉사 활동이 싫어?"

"예, 싫어요."

"저런, 왜 싫을까?"

"아버지가 힘들다고 하지 말랬어요."

재영이 아버지는 고등 학교 교사다. 재영이 아버지가 그런 말을 할 까닭이 없다. 아이들이 어른들처럼 고약한 거짓말은 잘 하지 않지만 때론 이처럼 새빨간 거짓말을 할 때가 있다. 이럴 땐 그 말을 걸러 들어야 한다. 재영이 아버지가 비교육적인 말을 한다고 생각할 필요가 전혀 없다. 그런데 집에서 부모님들은 아이들 말을 걸러 듣지 못할 때가 많은 것 같다.

셋째 시간에 약령시 축제에 갔다. 학교에서 겨우 15분쯤 걸리는 거리다. 아이들이 다리가 아프다고 야단이다. 왜 버스 안 타고 걸어가느냐고, 버스 타고 가자고 조른다. 버스로 한두 정거장 거리인데 말이다. 아이들이 약하기 그지 없다.

6월

2001년 6월 11일 월요일. 가뭄이 계속되고 있다.

인생이란 그런 거예요

오후에 이것저것 일을 하고 있는데 주경이가 언니를 기다린다면서 내
곁에서 알찐거린다. 놀다가 나한테 와서 몸을 비비다가 가고 그런다. 컴
퓨터로 일을 하다가 잠시 기지개를 켜면서,

"아이구, 힘들다."

이랬더니 글쎄 주경이가,

"인생이란 다 그런 겁니다. 그냥 그렇게 사는 겁니다."

이러는 게 아닌가? 하도 어이가 없어서 그 말을 누구에게 들었느냐고 물
었더니 언니가 그랬단다.

"그래? 그 말이 무슨 뜻인지 아니?"

"그냥 그렇게 산다는 뜻이지요."

"그래?"

"예, 선생님도 선생님 친구들에게 가서 그런 말을 하세요. 그러면 인
기가 있을 거예요."

"그래? 그래야겠다."

둘이서 이런저런 이야기를 하고 있는데 특기 · 적성 공부하던 아이들
이 몰려와서 우리 둘만의 재미있는 시간이 깨지고 말았다.

7월

2001년 7월 4일 수요일. 무척 덥다.

똥

넷째 시간 공부를 하고 있는데 어디서 꾸린내가 났다. 아주 심하게 났다. 아이들도 똥 냄새 난다고 난리다. 가만히 보니 맨 앞에 앉은 진규가 똥을 쌌다. 이미 똥이 걸상 밑에 뚝뚝 떨어져 있고 양말과 실내화는 똥칠갑이다. 걸상 틈새도 똥인데 글쎄 똥 안 싼 척하느라고 애를 먹고 있었다. 진규 근처에 있는 아이들 몇이 진규가 똥을 쌌다고 난리다. 저런, 저런데도 안 그런 척하고 앉아 있는 심정이 어떨까?

얼른 일으켜 화장실로 보내고 진규 집으로 전화를 걸어 속옷 준비해서 학교 화장실로 오라고 했다. 그리고 화장실 문을 안쪽으로 잠가 주었다.

"야, 이놈들아. 배 아프고 설사 나면 어른도 똥을 싸는 거야."

이러고는 고무 장갑을 끼고 양동이에 물을 떠 와서 얼른 치웠다. 아이들은 무슨 구경 났다고 난리다.

화장실에 가 보니 이 자식이 온 화장실 바닥에 똥칠을 해 놓고 속옷도 벗어 세면대에서 빠느라고 세면대 역시 똥칠이다.

"선생님, 이 이야기 일기 쓰면 되지요?"

이런다. 웃음이 나왔다.

"그럼, 되고말고."

순규 아버지가 와서 뒤처리를 하고 새 옷 입혀 데리고 갔다.

아이들이 족집게다

어제가 장모님 장례일이라서 하루 학교에 나오지 않았다. 교실은 우리 아이들이 좋아하는 하두성 선생님한테 부탁을 했다. 하두성 선생님은 우리 학교에서 작년에 퇴직하신 선생님인데 학교에서 부탁만 하면 무엇이든지 아주 반갑게 들어 준다. 언젠가 출장 갈 일이 있어서 두 시간쯤 부탁을 한 일이 있는데, 그 때 우리 아이들이 참 좋아했다.

아침에 오니 미선이가 쫓아와서 안겼다. 아이들이 하나 둘 들어온다. 겨우 하루 교실을 비웠는데도 왠지 낯이 선 것 같다.

김지현이가 가까이 오더니,

"선생님, 왜 기분이 나빠요?"

이런다.

"아니, 기분 나쁘지 않은데?"

"그럼 왜 안 웃어요?"

내 얼굴이 굳어 있었던 모양이다. 나는 전혀 그렇지 않는데 말이다. 아이들이 족집게다.

말맛을 아는 아이

수업을 다 마치고 아이들 알림장에 고무 도장을 찍어 줄 때 조재형이가 어제 아버지에게 야단맞은 이야기를 했다. 아주 많이 혼났단다.

"잘 했다."

내가 그냥 지나치면서 이렇게 말했더니 앞에 앉아 있던 미선이가,

"선생님, '잘 했다.' 그카면 진짜 잘 한 거고요. '자아알 했다.' 캐야 놀리는 말이 되잖아요."

맞는 말이다.

"놀리는 게 아니고 진짜로 잘 했다."

이랬더니,

"아니래요. 진짜가 아니래요. '자알 했다.'예요."

우스워서 자꾸 "쿡쿡." 웃었더니 아이들이 나를 쳐다보면서,

"선생님, 돌았어요?"

이런다.

"그래, 돌았다. 아주 뺑 돌았다."

자꾸 웃음이 나왔다. 미선이 말이 백 번 옳은 말이다.

2001년 7월 19일 목요일. 더웠다.

지현이가 다쳤다

셋째 시간에 아이들과 운동장에 나가서 풀뽑기를 했다. 내가 넓적한 삽으로 밀고 아이들은 뽑힌 풀을 줍고 했다. 이렇게 뽑지 않으면 자칫 제초제를 쳐 버릴까 봐 겁이 나서 뽑기로 한 것이다. 날씨가 너무 더워서 러닝 셔츠가 금방 덤벙 젖어 버렸다. 풀뽑기를 하고는 철봉대 모래밭에서 모래성 쌓기를 했다. 아이들은 신이 났지만 나는 아이들이 놀기 쉽도록 그 넓은 모래밭을 파 일구느라 땀이 비 오듯 했다.

준규는 아이들과 어울려 놀지 못한다. 혼자서 빈둥빈둥하길래 모둠

아이들이랑 놀라고 했는데도 모둠에 끼지 않고 그냥 빈둥거린다.

들어가기 싫어하는 놈들을 꼬드겨서 교실에 들어오는데 자식들이 흙 묻은 손으로 매달려 혼이 났다. 땀이 질질 나는데 말이다.

날 따라서 맨발로 걸어오는 아이들도 많았다. 맨발로 마구 달리는 놈들도 있다.

"야, 이놈들아. 맨발로는 뛰면 안 돼. 내처럼 땅을 내려다보면서 천천히 걸어야 안 다쳐."

나는 중앙 현관으로 들어오고 아이들은 서쪽 현관에 있는 수돗가로 우르르 몰려갔다. 나도 구두를 신발장에 넣고 교실 문을 열어 놓고 서쪽 수돗가로 가는데, 이지현이가 고래고래 고함을 지르면서 울고 있고 몇몇 아이들이 쫓아왔다.

"선생님, 지현이 발에 피가 펑펑 나요."

얼른 가 보니 글쎄 못이 신발을 뚫고 발바닥을 찔렀다. 피가 얼마나 많이 나는지 나도 겁이 났다. 피가 많이 나니 지현이도 무서운지 더 큰 소리로 울었다. 교실에 와서 소독약으로 닦아 내니 피가 멎었다. 발을 찌른 못은 제법 길고 꼬부라진 녹슨 못이다. 겁이 나서 그 못을 들고 지현이를 데리고 김준 정형 외과에 갔더니 괜찮단다. 다행이다.

9월

소쩍새

새벽 운동을 가는데 학산 들머리 풀숲에서 귀뚜라미가 요란스럽게 운다. 사람 발자국 소리에도 아랑곳하지 않고 울어 댄다.

'옳지. 오늘 재미있는 숙제는 귀뚜라미 울음소리 듣고 그대로 따라 적어 보기를 해야지.'

바로 가까운 소나무 위에서 소쩍새가 운다. 도시 한가운데서, 거기도 산이라고 소쩍새가 운다. '솟쩍, 솟쩍, 솥솟쩍.' 나는 소쩍새 울음소리를 언제나 그렇게 듣는다. 어릴 때, 어른들이 하던 말이 기억나서다. 소쩍새가 울면 풍년이 든다고 했다. 솥이 적다고 우는 것이니까 그렇단다. 솥이 적다는 말은 양식이 넉넉하다는 말이다. 못 살던 시절 농사꾼들의 절실한 희망이 그 소쩍새 울음소리에도 들어 있었다. 가까이 가니 소쩍새 울음소리가 뚝 끊겨져 버렸다.

진섭이

진섭이, 일기장에 하루도 빼먹지 않고 컴퓨터 게임을 한 이야기를 쓰는 아이다.

진섭이, 도대체 아이들과 어울려 놀지 못하는 아이다. 언제나 혼자다. 운동장에서 다 같이 무슨 놀이를 하면 언제나 거기서 빠진다. 그리고 혼자 빈둥거린다. 교실에서도 지금 무엇을 하는지 도대체 분간을 하지 못한다. 단체 생활에 너무 적응을 못 한다. 그런데 받아쓰기나 수학은 참 잘 한다. 다시 말하면 혼자서 하는 것은 그런대로 한다. 진섭이 어머니는 그런 진섭이가 대견하기 그지없단다. 부모님 말 거역하는 법 한 번 없고, 많은 아이들이 하는 욕설도 한 번 입에 담는 법 없고, 다른 아이들에게 절대로 피해 주는 행동 하지 않고…….

진섭이 어머니는 마흔 넘어서 아이를 달랑 하나 낳았다. 그러니 아이가 얼마나 귀하겠는가? 정말 금이야 옥이야 하면서 키웠다. 다 커서까지 늘 업고 다녔단다. 그래서 동네 사람이 보다못해서 아이를 그렇게 키우지 말라는 말도 많이 했단다. 그러면서 이 세상에서 최고로 착한 아이로 키웠단다. 언제나 아기 때처럼 치마폭에서 절대 벗어나지 못하도록 키웠다.

그 어머니가 하루는 나에게 이런 말을 했다.

"선생님, 이 동네에 이사를 와 보니 여기 사람들은 전부 장사하는 사람들이라서 돈벌이에만 정신이 팔려 있지, 아이들 키우는 데는 소홀합니다."

아이구, 정말 진섭이가 큰일이다.

내가 참으로 많이 이야기를 했는데 내 말은 도무지 들어 주지 않는다. 자기 아이는 자기 식으로 키운단다.

"선생님, 급식할 때 진섭이가 먹기 싫어하면 억지로 먹게 하지 마세요."

"안 됩니다. 진섭이 밥 먹는 버릇은 정말이지 천천히라도 고쳐야만 합니다."

소문에 깡패 같은 선생 만나서 큰 걱정이라는 말을 하더란다. 과보호에 과보호, 정말 지나치기 그지없는 과보호 속에서 크는 진섭이가 걱정이다. 저걸 어쩐다. 정말 어쩐다.

진섭이 일기장에 많은 글을 써 주고 있는데 그게 얼마나 도움이 될지 모르겠다.

10월

내가 졌다

상진이와 내가 냉전을 하다가 내가 먼저 손을 들고 말았다. 그놈이 일기를 몇 번 이어서 내지 않기에,

"류상진! 너는 이제 일기 쓰지 마. 일기 써 와도 니 일기장은 안 읽어 줄 거야."

며칠 전에 이렇게 엄포를 놓았더니 글쎄 이놈이 얼씨구 좋다구나 하면서 계속 일기장을 안 낸다. 다시 내라고 몇 번이나 말을 했는데도 이 자식이 들은 척도 않고 일기장 내지 말라고 했던 말만 잘 지킨다. 생각 같아서는 불러서 야단치고 싶었지만 내가 먼저 항복했다.

"류상진, 이리 와 봐."

상진이 손을 꼭 잡고 손톱깎이를 내어 손톱을 톡톡 깎았다.

"상진아, 일기 안 쓰니까 마음 편하고 좋으니?"

"아니요."

"그렇지? 내일부터 일기장 낼래? 상진이 일기 참 잘 쓰는데 상진이 일기 안 읽으니까 요사이 재미 하나도 없다야."

"……."

"내일 일기장 내라. 알았지? 오늘 일기는 이 이야기를 쓰면 되겠네."

"예."

"정말이지? 약속할래?"

손가락을 걸었다. 도장도 찍었다.

11월

잠잘 준비

참 신기하다. 어제는 그렇게 춥던 날씨가 거짓말처럼 풀렸다. 입시 추위란 게 정말 있나? 한여름에 대학 입시를 치르면 어떻게 될까?

장주현이가 가방을 내려놓지도 않고 내게 와서 이야기를 시작했다.

"그런데 말이에요."

이 말이 다른 아이들의 "있잖아요."와 같은 말이다. 주현이는 늘 이렇게 말을 시작한다. 주현이 말소리가 너무 작았다.

"조금 크게."

어제 집에서 감기약 먹고 낮잠을 잤는데 오늘도 아침에 감기약을 먹고 왔기 때문에 공부 시간에 잠이 올지 모르겠단다. 그러니 만약 잠을 자더라도 그렇게 알아 달라는 말이다.

"오냐, 알았다."

그제서야 안심하고 들어갔다. 그렇게 걱정하더니 오늘 주현이는 잠을 자지 않았다.

2001년 11월 16일 금요일. 춥다.

장한 놈들

미선이가 쪼르르 오더니 쫑알쫑알 일러바친다.

"선생님, 어제 청소할 때 있잖아요. 허린이가 컴퓨터 모니터를 떨어뜨렸어요. 그런데요, 남자 아이들이 다 모여서 끙끙거리며 올려놨어요."

교실 옆에 컴퓨터 네 대를 놓아 두었는데 그 가운데 모니터 한 개를 떨어뜨린 모양이다.

"응, 그랬어?"

남자 아이들이 다 모여서 그걸 끙끙거리며 들어올렸단다. 녀석들이 선생님한테 들키지 않으려고 얼른 올려놓았겠지. 마치 개미 떼처럼 와글와글 붙어서 들어올리는 모습이 눈에 선하게 떠오른다. 자꾸 웃음이 나왔다. 우리 아이들이 이렇게 컸다.

2001년 11월 21일 수요일.

컴퓨터

국어 시간에 이렇게 물어 보았다.

"너희들 만약 아무도 없는 섬에 가서 살아야 하는데, 물건을 세 가지만 가져가게 한다면 무엇을 가져갈지 한번 생각해 보자."

이 물음에 아이들은 저마다 가지고 가고 싶은 것을 말하는데, 빠지지 않는 게 있었다. 컴퓨터였다. 심심할 때 하려고 그런단다. 그러니 컴퓨터는 아이들의 장난감이다. 아이들의 동무다.

오래 전에, 아이들의 놀이가 손끝으로 몰려서 걱정이라는 글을 우리 반 학급 문집에 쓴 기억이 난다. 몸으로 부딪치는 놀이를 해야지, 실내 같은 좁은 공간에 쭈그리고 앉아서 인형놀이, 딱지치기 놀이를 해서 되겠나 하는 그런 내용이었다.

그런데 요즘 나는 우리 아이들이 딱지치기를 많이 해서 칭찬을 했다. 딱지 접는 법을 가르쳐 주고 운동장에서 펑펑 치고 놀아야 한다고 시범까지 보였다. 왜일까? 내 생각이 달라져서일까? 아니다. 컴퓨터보다는 훨씬 낫기 때문에 그렇다.

컴퓨터가 정보를 많이 주고 우리 생활을 참으로 편리하게 하는 기계이긴 하지만, 아이들의 동무가 되어서는 안 된다는 가정 통신문을 보냈다. 정말 간절한 마음으로 보냈다.

12월

2001년 12월 4일 화요일. 많이 춥다.

미선이

요즘 미선이가 참 행복해 보인다. 나는 그걸 안다. 늘 할머니 세 분과 살았는데, 떨어져 살던 아버지가 얼마 전부터 가까이 와서 살게 되었다. 일기장에 아버지, 어머니 이야기가 참 많이 나온다. 사실 미선이는 어머니가 없다. 얼마 전에 새어머니가 생겼는데, 친어머니가 돈 벌어서 돌아온 것으로 알고 있다. 비록 아버지, 어머니랑 같은 집에 살고 있지는 않지만 가까이 살아서 마음만 먹으면 언제라도 갈 수 있다.

어제는 학교에 오자마자 일기장을 못 내겠단다. 아주 자랑스럽게 말한다. 왜 못 내느냐고 했더니 어제 어머니 집에서 놀다가 거기서 잠을 자는 바람에 못 썼단다.

"아이구, 그랬구나. 미선이 정말 좋았겠다."

"선생님, 우리 엄마 참 좋아요."

이러면서 나에게 안긴다.

미선이 새어머니가 언제까지나 좋은 어머니로 그 자리에 있었으면 좋겠다.

구름이 끼면 더 밝다

구름이 나지막하게 긴 오늘 같은 날, 새벽 등산길은 밝아서 참 좋다. 구름이 끼면 둘레가 어두워진다는 것은 낮에나 통하는 말이다. 도시 가까이 있는 새벽 산에서는 그렇지 않다. 도시의 가로등 불빛 같은 게 비춰 희미하게나마 길을 가늠할 수 있는 산길은 구름이 낮을수록 밝다. 반사가 되어서 그렇다. 날마다 같은 시각에 같은 장소를 가 보는 사람만 느낄 수 있다.

오늘은 참으로 구름이 낮게 끼었다. 자동차 등을 켜고 운동장에 들어섰다. 아주 어두운 밤길 같다. 어둠 속에 조그만 놈이 보인다. 뒷모습이 미선이 같다. 미선이 맞다. 차를 세우고 유리문을 내리니 "선생님!" 하면서 달려온다. 그러고는 유리문 사이로 내놓은 내 손에다 자기 얼굴을 갖다 댄다.

"이놈아, 밤중에 학교에 와?"

차를 갖다 대고 서쪽 현관으로 들어오는데, 미선이가 중앙 현관에서 기다리고 있다가,

"선생님, 그럴 수 있어요? 기다렸잖아요."

이러면서 달려왔다. 열쇠 구멍을 잘 못 찾을 정도로 어두워서 복도에 불을 켜고 문을 열었다. 불을 켜고 미선이와 함께 들어서니 마치 캄캄한 방에 딸이나 손녀를 데리고 들어가는 것 같다. 온풍기를 틀었다.

2월

2002년 2월 1일 금요일. 따뜻하다.

개학

교직 30년 동안 개학이란 것을 예순 번 맞는데도 개학날은 언제나 서먹하다. 올해는 더욱 그렇다. 30일 동안이나 연수를 받느라고 아이들과 거의 만나지 못해서 그렇다. 방학 동안에 자주 학교에 나오면 아이들을 이래저래 만날 기회가 있는데 말이다. 7시 40분쯤 온풍기를 틀어 놓고 화분에 물을 주고 있으니까 1등으로 원영이가 온다.

"선생님, 오늘 공부해요? 안녕하세요?"

이 자식이 인사말보다 공부하느냐 하는 것을 먼저 묻는다.

"그럼, 공부하지."

"진짜요?"

이어서 미영이가 들어오고 혜진이가 온다. 혜진이가 먼저 쫓아와서 안기니까 미영이도 뒤늦게 얼른 쫓아와서 안긴다. 매달린 아이들을 그대로 질질 끌고 복도 신장 위 화분에 물을 주고 있는데 복도 저쪽 끝에서 지현이가 두 팔을 벌리고,

"쌔애애앰."

이러면서 달려온다. 나는 미영이와 혜진이를 떼어 놓고 지현이를 향해 두 팔을 벌렸다. 지현이가 깡충 뛰어오른다. 나는 서먹한데 이 자식들은

안 그런가 보다. 서먹해하는 것은 성격에 달렸다. 어떤 아이들은 아주 부끄러워하기까지 한다.

아이들에게 이것저것을 물어 보았다.

방학 동안에 늦잠을 잔 아이 : 18명
일기를 날마다 밥 먹고 똥 누듯이 쓴 아이 : 8명
일기를 아예 안 쓴 아이 : 6명
일기를 하루라도 미루어 썼던 아이 : 11명
방학을 재미있게 보낸 아이 : 28명
방학을 정말 시시하게 보낸 아이 : 4명
과제를 잘 했다는 생각이 드는 아이 : 8명
과제를 잘 못 했다는 생각이 드는 아이 : 13명
방학 동안에 일기를 한 권 쓴 아이 : 5명
방학 동안에 일기를 두 권 쓴 아이 : 13명
방학 동안에 일기를 세 권 쓴 아이 : 6명
방학 동안에 일기를 네 권 쓴 아이 : 3명

2002년 2월 4일 월요일. 따뜻하다.
초임 교사에게 들려준 행복한 교실 이야기

학교에 가지 않고 팔공산 교원 연수원으로 갔다. 3월에 첫 발령을 받을 예비 교사들에게 학급 운영에 관한 강의를 하기 위해서다. 가면서 생각해 보니 앞뒤가 맞지 않는 것 같다. 가지 말라는 아이들을 뿌리치고 행복한 교실 운영 사례를 이야기하다니 말이다. 우리 아이들이 가지 말라고 매달렸다. 지현이는 눈물까지 글썽거렸다. 그래서 화요일에 와서 옛날 이야기를 두 자리 해 주기로 하고 아이들에게 겨우 허락을 받았다. 물론 몇몇 놈들은 선생님 없으면 좋다고 손뼉까지 치기도 했지만.

한 반에 두 시간씩, 두 반에 네 시간 동안 나는 신나게 이야기를 했다. 두 시간이 너무 짧았다. 다섯째 시간은 어지간하면 끄덕끄덕 졸기 마련인데 모두들 귀 기울여 재미있게 들어 주었다. 강의를 다 마치고 나오려고 하는데 질문이 쏟아졌다. 다음 시간 때문에 급히 답변을 하고 나오는데 한 사람이 화장실까지 따라오면서 궁금한 것을 물었다.

학교에 급히 오니 아이들이 상수와 미영이 생일 축하 편지를 내 책상 위에 가지런히 정리를 해 놓고 갔다. 청소도 깨끗이 되어 있었다. 내일 이야기를 해 주기 위해서 옛 이야기 두 자리를 읽고 간단히 정리해 놓고 다른 급한 일을 했다.

2002년 2월 5일 화요일. 화창한 날씨.
번거로운 교무 업무 관리 프로그램

자식들이 마구 매달린다.

"쌤! 보고 싶었어요. 흑흑."

일부러 우는 척하는 장난기 어린 말 속에 진심이 들어 있다는 것을 다 안다. 하루 안 봤는데도 그런다. 나 대신 수업을 맡은 선생님이 재미있는 옛날 이야기라도 한 자리 해 주었더라면 아이들이 무척 좋아했을 터인데……

찬주가 학교에 오지 않았다. 수두가 심한 모양이다.

오후에는 아이들의 성적을 정리해서 교무 업무 관리 프로그램에 입력하느라 정신이 없었다. 그 프로그램이 얼마나 하기가 까다로운지 날마다 담당 선생님 교실에 모여서 연수를 하고 일을 하고 그런다. 컴퓨터가 일손을 돕기는커녕 쓸데없는 일을 자꾸 만들고 오히려 일을 어렵게 한다고 선생님들이 모이기만 하면 불평이다. 왜 이렇게 불합리한 일을 전국적으로 다 같이 하는지 모르겠다고 난리다. 그것도 올해 성적만 넣는 것이 아니라 이 때까지 다른 프로그램에서 처리된 것을 그 프로그램에 맞추어서 옮기고 고치고 해야 한다니, 선생님들의 불만은 더욱더 클 수밖에 없다. 이건 도대체 말도 되지 않는 일이다. 지나간 해의 기록을 지금의 기록자가 다시 고치고 옮기고 할 수 있다면 그게 어디 성적인가!

아이와 교사 사이에 함부로 기계 덩어리가 끼어드는 게 아니다. 컴퓨터만 들이대면 되는 게 아니다. 교통 수단이 아무리 발달해도 자전거로 가면 편리한 길이 있고, 두 발로 걸어서 가야 할 길이 있다.

2002년 2월 14일 목요일. 맑고 상쾌한 이른 봄이다.

세뱃돈

긴 설 연휴 뒤의 첫날이다.

"선생님은 세뱃돈 얼마 벌었어요?"

일기장을 읽고 있는 나를 빤히 쳐다보면서 명아가 이런다.

"세뱃돈? 나는 번 게 아니라 손해를 봤어."

"왜요?"

"받지는 못하고 주기만 했으니까."

곁에서 가만히 듣고 있던 미선이가,

"선생님은 할아버지도 아니면서."

이러면서 끼어들었다.

"이 자식아, 나를 할아버지라고 할 때는 언제고?"

이러면서 미선이를 한 차례 때렸더니,

"흰 머리가 더 많아야 돼요."

헤헤 웃으면서 이런다.

"봐라, 이렇게 많은데."

"선생님 어머니한테 받으면 되잖아요."

"우리 어머니는 벌써 돌아가셨지."

"아, 그렇구나."

미선이도 어머니가 없다. 얼마 전에 생긴 새어머니를 친어머니로 알고 있다. 그 생각이 번뜩 떠올랐다.

"나는 13만 원 벌었는데."

"야, 임마! 잔돈으로 받기 안 했구나."

"깜빡했어요."

"깜빡한 게 아니라 많이 받을 욕심이 있었겠지."

"진짜 깜빡했어요."

〈아이들이 받은 세뱃돈〉

허린(300원), 혜진, 기택(500원), 승하(2,000원)

1만 원보다 적게 받은 아이 : 6명

1만 원~2만 원 : 3명

2만 원~3만 원 : 5명

3만 원~4만 원 : 3명

4만 원~5만 원 : 7명

5만 원 이상 : 8명

2002년 2월 15일 금요일. 아침에는 제법 추웠다.

결석 상장

은찬주가 오랜만에 나왔다. 수두 때문에 고생을 많이 하고 말끔히 나아서 나왔다.

"수두라는 나쁜 놈을 이기고 건강하게 학교에 온 찬주에게 크게 손뼉을 쳐 줍시다."

앞에 나오라고 하여 덜렁 안아 주었다. 그리고 둘째 쉬는 시간에 표창장을 만들어서 주었다.

표 창 장

은찬주

위의 어린이는 병원과 집에서 치료를 열심히 받아서 수두를 물리치고 건강한 모습으로 학교에 나왔기에 신나는 교실 식구들이 다 같이 기뻐하면서 이 표창장을 줍니다.

2002년 2월 15일.

대구 종로 초등 학교 신나는 교실.

2002년 2월 16일 토요일. 쌀쌀하다.

상장 주고받기

첫째 시간부터 상장 주고받기를 했다. 칠판에 커다랗게 '칭찬합시다.' 하고 써 놓고 동무들에게 상장 써 주기를 했다. 어제 미리 말을 했기 때문에 컴퓨터로 쳐서 뽑아 온 아이들도 더러 있었다. 우리 교실에서 아이들에게 주는 상장을 교실 텔레비전 화면에 띄워 놓고 참고하도록 하였다. 상장 종이는 교탁 위에 한 묶음 준비를 해 두고 자유롭게 가져다 쓰도록 했다.

상장 전달식을 할 때는 내가 시상식 생중계를 한다면서 캠코더로 대형 화면에 이리저리 비춰 주었다. 장난스럽게 상장을 주고받는 아이, 상장을 주고받고 악수를 하는 아이, 모두들 재미있어한다.

나도 상장 넉 장을 받았는데 모두가 '옛날 이야기 상'이다. 이 자식들, 한 해가 다 지난 지금, 나한테 옛날 이야기 들은 것만 떠오른다는 말인가! 이런 생각을 하다가 속으로 웃었다.

달랑 한 장을 받은 아이에서부터 열 장 넘게 받은 아이도 있었다. 조재형이는 무려 열두 장이나 받았단다.

2002년 2월 20일 수요일. 쌀쌀하다.
마무리 학급 문집

학년 말 마무리가 너무 바쁘다. 어제까지 '학생과 학부모가 써 준 선생님 성적표'와 '내가 쓴 나의 성적표' 쓰기를 끝냈다. 또 이 때까지 쓴 일기장도 한데 묶었다. 적게는 네 권에서부터 열세 권이나 되는 아이도 있다. 껍데기는 마분지로 했는데 '내 가장 소중한 보물 1호'라고 위에 쓰고 '초등 학교 1학년 때 쓴 일기'라고 보물 이름을 크게 써서 붙였다.

마무리호 학급 문집 〈신나는 교실〉 14권 6호가 나왔다. 열네 쪽인데 그 가운데서 내가 무려 세 쪽이나 썼다. 한 쪽은 3월 2일에 학부모들에게 내준 가정 통신문 1호를 그대로 실었다. 가정 통신문 1호에는 내 소개와 내가 1년 동안 교실을 꾸려 갈 큰 틀과 계획이 들어 있었다. 그걸 놓고 다음에는 '마무리 가정 통신문'이라고 해서 학년 초의 약속이나 계

획이 얼마나 어떻게 실천이 되었는가를 살펴보는 글을 두 장에 걸쳐 실었다. 마지막으로,

'음식 바르게 먹는 버릇 기르기'

'아이들 과보호해서 키우지 말기'

이 두 가지를 거듭거듭 당부하는 걸로 마무리 문집을 끝냈다.

1호부터 6호까지 모아서 마분지 껍데기를 한 것을 찍쇠로 찍다 보니까 손바닥이 얼얼했다. 그래서 장갑을 끼고 하다가, 찍쇠 위에 손수건을 얹어 놓고 하다가 그랬다. 찍쇠를 찍은 가장자리에는 색도화지를 좁게 오려서 앞에서 뒤로 넘어가게 붙였다. 그렇게 해 놓고 보니 제법 책 모양이 되었다. 껍데기의 '신나는 교실'은 사인 펜으로 예쁘게 색칠했다. 비록 인쇄소에서 만든 멋진 문집에는 비길 수 없는 인물이지만 그래도 이만하면 괜찮다 싶었다.

다 만든 문집 합본호를 들고, 보고 또 봤다. 학부모들이 이 못난 문집의 가치를 알까 하는 생각이 들었다. 쓰레기통에 들어가는 신세가 되지 않았으면 좋겠다.

내일은 목소리를 차례대로 녹음하고 단체 사진을 찍어야겠다.

2002년 2월 21일 화요일.

쓰레기장에서 주웠습니다

아이들이 다 간 텅 빈 교실에서 컴퓨터 켜 놓고 일을 하고 있는데 앞문이 살짝 열리더니 우리 반 명아가 고개를 빼꼼이 들이밀었다.

"왜 임마! 안기려고 왔어?"

아이들이 저희들끼리 운동장에서 놀다가 집으로 갈 때 가끔 교실로 와서 안아 달라고 할 때가 있다. 앞문을 빼시시 열 때는 안기러 오는 게 십

중팔구다.

"선생님, 이거."

명아가 한 손에 들고 들어오는 것은 흰색 비닐 봉지였다. 겉에 자기 가게나 회사를 선전하는 그림이나 글을 써 놓은 그런 비닐 봉지인데 아주 튼튼하게 만들어 놓은 것이었다.

"그게 뭔데?"

"선생님, 이거 쓰레기장에서 미영이랑 주웠어요."

"아이구, 정말 참 잘 주워 왔다. 두 번 안아 줘야겠다."

이러면서 비닐 봉지를 모으는 상자에 넣고 있는 명아를 보니 다른 손에 또 무엇을 들고 있었다.

"명아야, 그건 또 뭔데?"

"선생님, 이거 멀쩡하지요?"

"도대체 그게 뭐니?"

"스티커예요. 선생님, 이것도 쓰레기장에 있었어요. 그런데요. 이런 걸 버리면 돈 아깝고, 학용품을 함부로 쓰는 거고, 또 환경이 많이 더러워지잖아요. 그래서 우리가 쓸라고 가지고 왔어요."

가만히 보니 노란색 길쭉한 종이에 예쁜 꽃 모양이 수놓인 스티커였다. 명아 말처럼 정말 멀쩡했다. 한두 장이 아니었다. 참 많은 양이었다. 아이들이 버린 게 아닌 것만은 분명했다. 학교 쓰레기장, 아이들이 아니면, 그럼 그걸 누가 버렸을까? 부끄러웠다.

나는 명아가 너무 예뻐서 진짜 숨이 막히는 것 같았다.

"아이구우 우리 명아, 어쩜 요렇게 예쁠까?"

이러면서 명아를 아주 힘껏 안아 줬다.

"아, 선생님, 숨막혀 죽겠어요."

명아가 엄살을 떨다가 아주 행복한 표정으로 교실 문을 열고 나갔다.

"우리 밍아 잘 가. 넘어지지 말고!"

"예, 쌤. 쌤도 울지 말고 잘 있어요."

아이들이 장난으로 부를 때는 선생님이라고 하지 않고 쌤이라고 부른다.

명아는 밖에서 기다리고 있던 미영이와 그 스티커를 나누어 가지고 집으로 갔겠지. 명아가 나간 복도를 한참 보고 있다가 일을 시작했다.

교사는 교육 전문가, 학부모는 부모 전문가

울산 '동화 읽는 어른' 모임에 가서 강의를 했다.

강의는 교사도 전문가가 되어야 하지만 학부모들도 집에서 부모 전문가가 되어야 한다는 이야기를 중심으로 했다.

그리고 다음 학년을 준비하는 봄 방학 때는 반드시 아이들의 교과서를 읽어 볼 것을 권했다. 교과서를 자세히 보면, 우리 아이가 어떤 과정과 방법을 거쳐 어떤 과제를 해결할 것인가, 어떤 목표를 두고 교재가 만들어졌는가를 알게 되어 있다. 부모가 옛날의 주입식 교육으로 외우고 문제 많이 풀고 하는 생각에 머물면서, 아이 공부에 도움을 주고자 한다면 그건 큰 잘못이다.

7차 교육 과정을 속속들이 다 알 수는 없겠지만 아이의 교과서를 보면 활동 중심, 체험 중심으로 되어 있다는 것을 알 수 있다. 단순한 암기나 단편적인 지식이나 답을 요구하지 않는다. 아이들 교과서를 찬찬히 읽어 본 부모라면 외우고 쓰고 시험 문제 풀고 하는 곳에 아이를 보내지 않을 것이다. 오히려 창의성에 방해가 되고 다양한 사고에 조금도 도움이 되지 않는다는 것을 알게 될 것이다.

또 수준별 학습과 선택 학습에 대한 이야기도 했다. 학부모들에게 공부 덜 가르치고 넘어가는 농땡이 선생이라는 소리 안 듣기 위해서는, 선택이고 수준별이고 보지 않고 교과서를 처음부터 끝까지 이 잡듯이 다룰 수밖에 없다고 하는 교사들도 있다는 이야기도 해 주었다.

몸으로 가르치고 배우는 교육

1988년, 시골 학교에 있을 때 일입니다. 교실 뒷문이 스르르 열렸습니다.
"정임아, 정호 좀 받아 업어라. 금방 비가 쏟아질 것 같구나. 빨리 벼를
거둬야제. 다 말린 벼 비 맞히면 큰일이잖니?"
한창 공부를 하고 있던 나와 아이들은 갑작스런 이 일에 깜짝 놀랐습니
다. 아무리 바빠도 그렇지 공부하는 학생한테 아기를 맡기다니, 그게 어
디 될 법한 일입니까? 그런데 말입니다. 정임이는 조금 멈칫하더니 발딱
일어나 어머니에게 가서 아기를 받아 업었습니다. 그 수업 시간 동안 정임
이는 아기가 칭얼대기라도 하면 일어나서 온몸을 일렁일렁 흔들어 달래
가면서 공부를 했습니다.
공부하던 정임이가 어째서 아기를 그렇게 넙죽 받아 업을 수 있었을까
요? 그건 어린 정임이지만 다 말린 벼를 비 맞히는 일이 얼마나 걱정스러
운지를 알고 있어서 그렇습니다. 말로 배운 게 아니라 식구들끼리 함께 살
아가면서 몸으로, 생활 속에서 저절로 익혀 알았기 때문입니다. 식구는
이래야 합니다. 이게 바로 가족 공동체의 모습입니다.
요즘 우리 가정은 참으로 역할 분담이 잘 되어 있습니다. 아버지는 돈
열심히 벌어오는 사람, 어머니는 집안일을 책임지는 사람, 아이는 공부만

열심히 하는 사람입니다. 아버지가 돈벌이가 시원치 않으면 식구들에게 위로를 받기는커녕 죄인이 되어야 합니다. 아이는 죽자살자 공부를 해서 100점을 갖다 바치고 1등을 해야 합니다. 아버지가 어디서 얼마나 힘든 일을 하는지 알 필요가 없습니다. 학원에 열심히 다니면서 정신 없이 외고 익히기만 하면 됩니다.

그러니 어쩌다 아이가 집안일을 도울라 치면,

"너는 공부나 해라."

이런 말이 나오고 맙니다.

아이가 아버지 일을 도왔거나 하다 못해 구두를 닦아 드려도 남이 할 일을 했으니까 그에 해당하는 대가를 받습니다. 이게 어찌 같은 식구입니까?

방학 기간이라도 하루 이틀 날 잡아 부모님이 일하는 곳에 아이들을 데리고 갔으면 합니다. 부모님이 힘들게 일하시는 모습을 보기만 해도 큰 공부가 됩니다. 그 일이 이 사회에 어떤 보탬이 되는지 자세히, 그리고 자랑스럽게 이야기해 줄 필요가 있습니다. 그 다음부터는 아이에게 돈 아껴 쓰라는 말을 할 필요가 없을지도 모릅니다. 교육 가운데서 가장 확실한 방법은 몸으로 가르치고 배우는 것입니다.

1학년 학부모와 교사를 위한 책

초등 1학년 교실 이야기

2005년 12월 23일 1판 1쇄 펴냄 | **글쓴이** 윤태규 | **펴낸이** 정낙묵 | **편집** 김은주, 남우희, 신옥희, 윤은주 | **표지 디자인** 끄레 어소시에이츠 | **본문 디자인** 유문숙 | **제작** 이옥한 | **인쇄** (주)미르 인쇄 | **제본** (주)명지문화 무선사업부 | **펴낸 곳** (주)도서출판 보리 | **출판 등록** 1991년 8월 6일 제 9-279호 | **주소** 경기도 파주시 교하읍 문발리 파주출판도시 498-11 **우편 번호** 413-756 | **전화** (031)955-3535 | **전송** (031)955-3533 | **홈페이지** www.boribook.com | **전자 우편** bori@boribook.com

ⓒ 윤태규, 2005 | 이 책의 내용을 쓰고자 할 때는, 저작권자와 출판사의 허락을 받아야 합니다. | 잘못된 책은 바꾸어 드립니다. | 값 9,500원 | ISBN 89-8428-214-6 03370

이 책은 2002년 3월 30일에 펴냈던 《선생님, 나 집에 갈래요》를 제목을 바꾸어 새로 내는 것입니다.

이 책의 국립중앙도서관 출판시도서목록(CIP)은 e-CIP 홈페이지 (http://www.nl.go.kr/cip.php)에서 볼 수 있습니다. (CIP 제어 번호: CIP2005001421)